論《ろん》語《ご》

吉田公平

解　題

「学んで時に之《これ》を習う、亦《ま》た説《よろこ》ばしからずや」

『論語』の冒頭の一文である。学習・時習の出典はこの文である。孔子の時代は誰もが学べる時代ではなかった。それだけに先生について学ぶことができ、それを復習して再確認し、内容をじっくりと会得することができる。それこそ喜びでなくてなんであろう。

受験勉強や資格試験、激しい変化の中で自己啓発を余儀なくされて、やむなく取り組む「学習」は、時には苦痛そのものでしかないという実感しか得られないこともあろう。眼前の目標を達成するために学習せざるを得ないこと、その気になりさえすればそのために学習する機会は自由に選べるのが普通のこととなってしまった現今、学習できることが喜びであると、単純にはいえないご時世なのかもしれない。

そのような側面のあることを考慮してもなお、学習できることが、やはり喜ばしいことであることは、いかにも否定できない。

この『論語』の冒頭の一文は、次のようにも解釈できる。

お弟子さんが先生について学び、学んだことを復習しているのをみると、先生としては、真剣にやっているなと観察できて、とても嬉しいと。「学んで時に之を習う」はお弟子さんのこと、その光景をみて教育効果を確認して喜んでいるのは先生のことと、分けて解釈する理解も成立する。

もともと短い文章であり、この言葉が発せられた状況が不明なので、この一文でさえも様々な解釈を許すことになる。古来、『論語』の注釈書が数多く著されたのは、『論語』の本文が含蓄に富むものであったからであるが、同時に簡素な文章のために幾多の解釈を許す内容でもあったからでもある。

それだけに『論語』本文の原義は、結局のところ何なのか、ということになると、これこそが唯一絶対の正しい解釈であるということは、なかなか言いきれない。

そこで本書は、次のような方針をとった。漢字文化圏において、最も広く読まれた『論語』解釈に準拠し、できるだけ読みやすい形にして、読者に『論語』の世界を紹介することを目標にすること。その結果、解釈は朱子の『論語集注《しっちゅう》』に準拠することにした。『論語』の注釈書の数は、漢字文化圏に属する中国・朝鮮・日本を含めると恐らく万を下るまい。そのなかにあって代表的なものといわれれば、すぐに五指・十指を指折ることはできるが、圧倒的に広く読まれたのは、まぎれもなく朱子の『論語集注』である。

朱子の『論語集注』に準拠した日本語訳は、実は倉石武四郎氏がすでに試みられておられる。画期的なことであった。しかし、朱子の注釈を翻訳文に生かそうという意図が勝ちすぎたために、文章が読みにくいという結果になってしまった。誠に残念なことであった。

『論語』は孔子とその門人の言行録であるという。しかし、一時に編纂されたものではない。孔子とは無関係な記録もある。書名からして『論語』というのは、先秦時代の人物の言行録を記録した書物としては異例である。普通名詞が書名に用いられるのは漢代ぐらいからのようであるから、『論語』が最終的に現行のような体裁に編集されたのは、あるいはそのころなのかもしれない。

しかし、朱子は、そのようには考えなかった。孔子を是非とも学びたい人物とのべた孟子に準じて、孔子を更に理想化し、人間らしく生きる際の規範・理念型であるという。完全なる人格者を求めてついにそれを実現した人とみなす。

しかし、朱子の孔子理解のおもしろいところは、孔子が最初から人格的に完全であったのではなくして、努力の結果、実現できた人なのだということを力説していることである。

そのことを最も端的に表現しているのは、孔子自身がふと漏らした、来し方を回想した次の語録（為政篇四条）である。諸国を流浪したはてに、故郷に帰って後進の教育に専念したころの述懐である。

「子曰く、吾十有五にして学に志す。三十にして立つ。四十にして惑《まど》わず。五十にして天命《てんめい》を知る。六十にして耳順《みみしたが》う。七十にして心の欲する所に従えども矩《のり》を踰《こ》えず」

この言葉にしても、人生の黄昏《たそがれ》を迎えたものがもたらした諦念であると解釈することも可能であるが、朱子はそのようには解釈しない。あくまでも理想の実現にむけてひたすら努力した求道者とみる。朱子の『論語』解釈の基調はあくまでも人格主義的理想主義なのである。そしてそれは政治や社会との緊張関係の中で追及された。政治向きの問答や、日常倫理としての礼楽孝弟に関する言及がなされたゆえんである。

朱子の『論語』解釈のもう一つの特色は、朱子が考える原理に基づいて、『論語』の表現を超えて解釈していることである。それは、人格主義的理想主義の根幹ともいえる人間の本性論に関する発言の解釈に、典型的に現れる。

朱子は、本性論としては、孟子の性善説を採用する。しかし、孔子は性善説を述べてはいない。「性《せい》は相《あい》近し、習えば相遠し」（陽貨篇二条）というばかりで、人間は本性として善なのか悪なのかをめぐる論議をしてはいない。利発な子貢は本性論に関心を抱いたが、「夫子《ふうし》の性《せい》と天道《てんどう》とを言うは、得て聞くべからず」（公冶長篇第十二条）と証言するように、先生からは教えてもらえなかったという。しかし、孟子が述べた性善説を孔子が知らなかったはずはない。孟子は孔子の言葉をそのまま述べたはずであるから、『論語』の編まれた孔子の言葉には、性善説のことが明晰に表白されているはずである。経典を編集して儒教を集大成した孔子が、孟子に劣るはずがないではないか。

『論語』には性の用例はここに挙げた二例しかない。

公冶長篇の子貢の証言を朱子は次のように解釈する。

孔子は弟子の理解力が進んで、もう話してもいいという段階にまで達したものに初めて本性論を述べたのであり、この公冶長篇の子貢の発言は、孔子からはじめて聞いたときに、今までは聞くことができなかったけれども、ようやく今、聞くことができたその喜びを吐露した発言だという。

もう一つの「性は相近し、習えば相遠し」（陽貨篇二条）については、次のようにいう。

ここで述べている性とは、孟子のように人間の本性が本来善であるということを述べているのではない。本性は抽象的に存在するのではなくして、我々の身体（これを気質という）に内在している。本来は完全に善である本性（このことを本然の性という）は気質に内在して「気質の性」として現前する。この「気質の性」は気質（身体）に制約されて本来の完全さを発現できない。必然的に個人差がうまれる。孟子は「本然の性」を捉えて性善説を述べたけれども、孔子は「本然の性」が善であることは百も承知の上で、そのうえ「気質の性」をも視野に入れて、「性は相近し」と述べたのである。だから、現実態を的確に把握して本性論を述べた孔子のほうが孟子よりも用意周到であったのであると。

朱子は肝心のところでは、自己の心性論（人間とその本性は何か）を存分に注釈の中に投入して『論語』を解釈している。本性論を基礎にすえた解釈なればこそ、『論語』を単なる箴言集に終わらせずに、万人向けの人生哲学の書として、民族や文化や時代の違いを超えて、広い読者を獲得したわけである。

それでは、朱子が本性論を持ち込んだことが、なぜ広い読者を得ることになったのか。『論語』そのものは日常倫理や人生の知恵を説く箴言集である。『論語』の魅力はそこにある。しかし、一歩退いて、その箴言の普遍妥当性を考えると、無条件にそれが正しいものと承認できるわけではない。日常生活の場で実践することを要請される倫理徳目や、処世哲学の知恵そのものを提示すること自体は、必ずしも困難なことではない。むしろ、現実の困難をかかえたなかで具体的に実践することこそが容易ではない。それを阻む要因が複雑に絡み合っているだけに、その徳目を観念としては承知していても、なかなか実践できないのが生身の人間であろう。

それにもまして肝心なのは、なぜその徳目が正しいのか、なぜ人間は正しいことを行わなければならないのか、を明晰に説明することができなければ、正しいかに見える箴言も、他人にそれを実践するように説得することはできない。なぜ人は正しいことをしなければならないのか。正しいと了解しながらなぜ実践できないのか。この「なぜ」に答えることが実践倫理学の根本問題である。それに答えたのが、朱子の本性論である。

人間は誰もが最高神である天から命令として善なる本性（能力）を賦与されているのだから、自分の力で先天的に固有する善（倫理能力）を実現するのが人間らしい生き方なのだと。しかるに身体的要因や社会的誘惑のために順調に実現できないのだと。この二つのことを懇切丁寧に説いたのが朱子の本性論・心性論である。日常卑近な世界の箴言・知恵を根本問題にさかのぼって再構築し、その論理を『論語』のなかに投入して仕上げられたのが『論語集注』である。

平心にみるかぎり、『論語』の世界は体系的に統一がとれているわけではない。しかし、それを孔子という人格に収斂させて、修己（自らの人格を豊かにして生きる力を強くすること）と治人（共同体の一員として社会的政治的責任をになうこと）を密接に関連させて述べていることは見事である。『論語』は『論語集注』によって面貌を一新したのだといえる。朱子のこの労作があったからこそ、『論語』は漢字文化圏における古典の王者に君臨して、広く読まれたのである。

朱子その人は、自らの心性論を基礎にして解釈していたが、『論語』の本文そのものは、あくまでも箴言集である。本書は朱子の解釈に基づくとはいえ、現代語訳そのものは、やはり箴言集であるから、我々は朱子の心性論からは自由になって、『論語』のそれぞれの語録を鑑賞することができる。

個々の具体的な事柄に関する言及は、もはや適切ではないものがある。孔子その人は、二千五百年前の人なのであるから、やむをえない。例えば、古代社会の礼楽などはいまさら持ち出しても話にならない。このようなことは、「ああ、昔はそうするのがよいと考えた人がいたのね」と受け止めて、それでおしまいということであろう。

しかし、一般論として述べられたものには、なるほどそうだと思わせられるものが少なくない。『論語』の魅力はここにこそある。言われてみれば確かにそうなのだが、そのようなことなら、どこかで聞いたことがあり、自分でもそのことは分かっていた、と一瞬錯覚させかねない、卑近な言葉に満ちている。卑近であるがゆえに、誰もが納得してしまう。だから、読者は『論語』を読むにあたっては、なにも身構える必要はない。所詮は箴言集なのだから、開いたところから読みだせばよく、無理して最後まで読まなくてもよい。ましてや通読する必要もない。パラパラとめくって、目にした箴言をあれこれと鑑賞して、みずからの経験に照らして味わい、確かにそうだが、でもそうとばかりは言えないなどと、深く味わうことが出来るのが『論語』の世界である。

『論語』には審判する神は登場しない。『論語』の言葉を正しく理解しなかったからといって、罪せられることはない。あくまでもどのように味読するかは、読者の自由である。『論語』を読んで違和感を覚えることの一つに、女性が人生の主人公として位置付けられていないことである。

理想的人格者として表彰される「君子《くんし》」は、あくまでも男子である。そしてその対極にあるのが「小人《しょうじん》」である。本来、「君子」「小人」は価値的な概念であった。それが「君子」が君子（きみこ）さん、「小人」が小人（こびと・こども）という意味で用いられるようになるのはいつ頃からであろうか。『論語』のなかで女性が一般論として論じられているのは一箇所だけである。そこでは「女子と小人とは養い難《がた》し」(陽貨篇二十五条)という。ここで反価値的な存在の総称概念である「小人」と同格に並べられて貶められているのである。

それなら『論語』の世界では、男女にまつわる話については無関心なのかというとそうではない。美人の誉れが高かった南子に会った孔子に、謹直な子路が不快感を顕わにすると、弁解につとめる孔子の微笑ましい姿を伝えてもいる(雍也篇二十六条)。また、今の『詩経』にもれている恋愛詩を取り上げて、本当に好きなら、いくら遠くとも会いに行くものだという意味のことを述べている(子罕篇三十条)。孔子もまた人情をわきまえた凡人であった。

『論語』は『千字文』と共にはやくに日本に輸入された。しかし、『論語』が読書の広場に開放されたのは、江戸時代以後のことである。それまでは禅林の世界で読まれたりはしていても、基本的には特定の家学として秘伝であった。その禁を破ったのは林羅山であった。その後は『論語』は自由に読まれるようになった。戦争の時代から文治の時代に変わり、武士の兵学から文官の儒学へと基礎的教養が転換したことが大きい。ただし、指導者階層が武士から文官に替わったのではなくして、もともと武官である武士が文官をも兼ねたので、日本では武士が兵学と儒学を兼学した。この点は、中国の士大夫とも朝鮮の両班とも異なる。

しかし、『論語』の読者は武士ばかりではなかった。医者（儒医）も町人も『論語』を読んだ。人生哲学・処世哲学の指南書として読まれたのである。とりわけ、『論語集注』に代表される、いわゆる朱子学、あるいは新儒教は、それまでの日本において読まれていた教えとは違う、新しい教えを伝える書物であると理解されて読まれた。それは二点ある。

一つは、この世を穢土と捉えて来世の娯楽浄土に生まれることを願うのではなくして、この現世を楽土とみて「この世」において人間らしく生きることを目指す教えとして『論語』は読まれた。

もう一つは、人間の自力で悪業から脱出できないから、ひたすら弥陀の本願におすがりしなさいとは説かない。人は本来性として善なのだから超越的な救済者に頼る必要はなく、自分が固有する倫理能力を自力で発揮することにより、本来の人間性を実現して、自己が悪の世界に陥ることから免れるという、自力による自己実現・自力救済論を説くものとして、『論語』は読まれた。

このような視点の転換は、日本の精神史においては、画期的なことであった。自力主義を説く「心学」の基本文献として広く読まれたのである。世俗内的自力救済を説く、自力主義の宗教の古典として、狭い意味での儒教の世界ばかりではなくして、町人倫理を力説した石田梅岩の石門心学はもちろんのこと、三教一致を説く世界でも『論語』は熱心に読まれた。江戸時代は『論語』時代といっても過言ではない。

明治時代になると、儒教は制度の思想として国民教育のなかに取り込まれた。『論語』に代表される儒教の教えは、国民（臣民）の間に浸透した。江戸時代には儒教は字の読める特定の階層に普及したにすぎない。それが明治時代になり学校教育制度が整備されて、国民教育のなかで「臣民の倫理」として儒教が活用された。儒教が最も普及したのは明治時代以後のことである。『論語』は臣民の修養書として読まれた。

また、急速に進められた産業革命のなかで、身分階層を越えて個人的な努力をして世俗的に成功することを説く「成功の哲学」としても読まれたことがこの時代の特色である。スマイルスの『西国立志編』や福沢諭吉の『学問のすすめ』の延長線で読まれたのである。国語漢文が国漢と略称されて国民の誰もが『論語』に親しんだ時代であった。

戦後は、「臣民」から解放されて、基本的人権をもつ市民となった読者は、人間らしく生きるための一つの指針として、『論語』は専ら教養の書として読まれている。

『論語』は、時代を超えて読書人の飢渇を癒してきた不思議な魅力を持った古典である。

二〇〇〇年四月、東洋大学の白山校舎の中国哲学研究室にて

吉田公平

目次

学而《がくじ》第一

一　先生がいわれた。
「学んだことを、いつでもおさらいするのは、とても嬉しいことだ。志《こころざし》を同じくする友だちが、遠いところから来てくれるのは、とても楽しいものだ。人がわかってくれなくても気にしないのは、やっぱり君子《くんし》だ」

子曰《しいわ》く、学《まな》んで時《とき》に之《これ》を習《なら》う。亦《ま》た説《よろこ》ばしからずや。朋《とも》あり遠方《えんぽう》より来《きた》る、亦《ま》た楽《たの》しからずや。人《ひと》知《し》らずして而《しか》も慍《いか》らず、亦《ま》た君子《くんし》ならずや。

子曰、学而時習之、不亦説乎。有朋自遠方来、不亦楽乎。人不知而不慍、不亦君子乎。

▼学習、時習、有朋の出典となった語録。『論語』全体の内容を象徴する箴言である。

二

有子《ゆうし》（孔子の高弟）がいわれた。

「人柄がいかにも孝弟《こうてい》なのに、すすんで目上の人にさからおうとする人は、めったにいません。目上の人にさからおうとしない人が、自分から騒乱を起こすことは、いままでいませんでした。君子は、基本になることを懸命にやるので、基本が確立すると道が開けます。孝弟こそ、仁《じん》を行なうときの基本です」

有子《ゆうし》曰《いわ》く、其《そ》の人《ひと》と為《な》りや孝弟《こうてい》にして上《かみ》を犯《おか》すことを好《この》む者《もの》鮮《すくな》し。上《かみ》を犯《おか》すことを好《この》まずして乱《らん》を作《な》すを好《この》む者《もの》未《いま》だこれあらざるなり。君子《くんし》は本《もと》を務《つと》む。本《もと》立《た》ちて道《みち》生《しょう》ず。孝弟《こうてい》なる者《もの》其《そ》れ仁《じん》を為《な》すの本《もと》か。

有子曰、其為人也孝弟、而好犯上者、鮮矣。不好犯上、而好作乱者、未之有也。君子務本。本立而道生。孝弟也者、其為仁之本与。

▼「孝弟」とは、親や兄に対して子や弟が純心になる心情倫理をいう。親や兄の子弟に対する「慈愛」と対応する。

三

先生がいわれた。
「口先をたくみにし、顔つきをやわらげる人には、めったにないものだよ、仁は」

子曰《しいわ》く、
巧言令色《こうげんれいしょく》鮮《すくな》し仁《じん》。

子曰、巧言令色、鮮矣仁。

四

曽子《そうし》（孔子の高弟）がいわれた。
「わたくしは、毎日三つのことを、わが身に反省している。他人のことを考えながら、忠でないことはなかったか、友だちとまじわるのに、信でないことはなかったか、教えられたことは、ちゃんと身につけたか、と」

曽子《そうし》曰《いわ》く、
吾《われ》日《ひ》に三《みっ》つ吾《わ》が身《み》を省《かえり》みる。
人《ひと》の為《ため》に謀《はか》りて忠《ちゅう》ならざるか。
朋友《ほうゆう》と交《まじ》わりて信《しん》ならざるか。
伝《つた》えられて習《なら》わざるか。

曽子曰、吾日三省吾身、為人謀而不忠乎。与朋友交而不信乎。伝不習乎。

五

先生がいわれた。
「千乗《せんじょう》の国をおさめるには、何ごともつつしんで信用されるように、費用を節約してみんなをかわいがり、人民を使役するには、手すきの時節を見はからうこと」

子曰《しいわ》く、
千乗《せんじょう》の国《くに》を道《おさ》むるに、事《こと》を敬《けい》して信《しん》。用《よう》を節《せつ》して人《ひと》を愛《あい》し、民《たみ》を使《つか》うに時《とき》を以《もっ》てす。

子曰、道千乗之国、敬事而信。節用而愛人、使民以時。

▼千乗の国とは、戦車千台を所有するほどの諸侯の国をいう。

六

先生がいわれた。

「若い人は、家では孝《こう》、外では弟《てい》、つつしみ深くして約束をたがえず、誰をもひろく愛すること。中でも仁に親しむこと。これだけのことをつとめてゆとりがあれば、学問を身につけることに励むことだ」

子曰《しいわ》く、弟子《ていし》、入《い》りては則《すなわ》ち孝《こう》に、出《い》でては弟《てい》に、謹《つつ》しみて信《しん》に、汎《ひろ》く衆《しゅう》を愛《あい》して仁《じん》に親《した》しみ、行《おこな》いて餘力《よりょく》あれば則《すなわ》ち以《もっ》て文《ぶん》を学《まな》べ。

子曰、弟子入則孝。出則弟。謹而信。汎愛衆而親仁。行而有餘力。則以学文。

七

子夏《しか》（孔子の門人）がいった。

「賢い人を賢いとし、美人をしたう心持ちをも忘れ、父母につかえては全力を尽くし、主君につかえてはわが身を捧げ、友だちとまじわっては言葉に誠がある、という人なら、まだ学問していないなどと他の人がいっても、わたくしはきっと学問した人だといいます」

子夏《しか》曰《いわ》く、賢《けん》を賢《けん》として色《いろ》に易《か》え、父母《ふぼ》に事《つか》えて能《よ》く其《そ》の力《ちから》を竭《つ》くし、君《きみ》に事《つか》えて能《よ》く其《そ》の身《み》を致《いた》し、朋友《ほうゆう》と交《まじ》わるに、言《い》いて信《しん》有《あ》らば、未《いま》だ学《まな》ばずと曰《い》うと雖《いえど》も、吾《われ》は必《かなら》ず之《これ》を学《まな》びたりと謂《い》わん。

子夏曰、賢賢易色、事父母能竭其力、事君能致其身、与朋友交言而有信、雖曰未学、吾必謂之学矣。

八

先生がいわれた。「君子は、おもおもしくないと威厳がない。学んだこともしっかりしない。忠と信とを基本にし、自分より劣る人を友だちにしない。あやまちを犯したらすぐさまあらためること」

子曰《しいわ》く、君子《くんし》は重《おも》からざれば則《すなわ》ち威《い》あらず。学《がく》も則《すなわ》ち固《かた》からず。忠信《ちゅうしん》を主《しゅ》とし、己《おのれ》に如《し》かざる者《もの》を友《とも》とすることなかれ。過《あやま》てば則《すなわ》ち改《あらた》むるに憚《はばか》ることなかれ。

子曰、君子不重則不威。学則不固。主忠信。無友不如己者。過則勿憚改。

九

曽子《そうし》がいわれた。「親の葬儀をきちんとやり、祖先の御霊《みたま》を誠実に祭ったら、人民の徳は感化されて、あつくなる」

曽子曰《そうしいわ》く、終《おわ》りを慎《つつし》み遠《とお》きを追《お》えば、民《たみ》の徳厚《とくあつ》きに帰《き》す。

曽子曰、慎終追遠、民徳帰厚矣。

一〇

子禽《しきん》が子貢《しこう》にたずねた。

「うちの先生（孔子）はどこの国に行かれても、必ず政治の相談を受けられますが、求めてのことですか、持ちかけられるのですか」

子貢がいった。

「うちの先生は、おだやかで、まっすぐであり、うやうやしくて、節約もし、へりくだっているから、向こうから持ちかけて来るのだ。うちの先生が求めるといっても、他の人が必ず自分から求めるのとは違う」

子禽《しきん》、子貢《しこう》に問《と》いて曰《いわ》く、

「夫子《ふうし》の是《こ》の邦《くに》に至《いた》るや、必《かなら》ず其《そ》の政《まつりごと》を聞《き》く。之《これ》を求《もと》むるか。抑《そもそも》之《これ》を与《あた》うるか」。

子貢曰《しこういわ》く、

「夫子《ふうし》は温良恭倹譲《おんりょうきょうけんじょう》以《もっ》て之《これ》を得《え》たり。夫子《ふうし》の之《これ》を求《もと》むるや、其《そ》れ諸《これ》人《ひと》の之《これ》を求《もと》むるに異《こと》なるか」。


子禽問於子貢曰、夫子至於是邦也、必聞其政。求之与。抑与之与。子貢曰、夫子温良恭倹譲以得之。夫子之求之也、其諸異乎人之求之与。

一一

先生がいわれた。

「人間を評価する場合、父が健在である間は、その人の志を見る。父が死去してからは、その行ないを見る。三年の間、父の道を改めない人こそ、孝《こう》といえる」

子《し》曰《いわ》く、父《ちち》在《い》ませば其《そ》の志《こころざし》を観《み》、父《ちち》没《ぼっ》すれば其《そ》の行《おこな》いを観《み》る。三《さん》年《ねん》父《ちち》の道《みち》を改《あらた》むるなきを、孝《こう》と謂《い》うべし。

子曰、父在観其志、父没観其行、三年無改於父之道。可謂孝矣。

三

有子《ゆうし》がいわれた。

「礼のはたらきは、和であることが貴い。昔の王さまの道も、これでこそ麗しい。大きいことも小さいことも、和にもとづいて行なわれた。それでもうまく行なわれないことがある。和だけをわきまえて、和を行なおうとしても、礼でしめくくらないと、やはりうまく行なわれない」

有子《ゆうし》曰《いわ》く、礼《れい》の用《よう》は和《わ》を貴《たつと》しとなす、先《せん》王《おう》の道《みち》、これを美《び》となす。小《しょう》大《だい》之《これ》に由《よ》る。行《おこな》われざる所《ところ》あり。和《わ》を知《し》つて和《わ》すとも、礼《れい》を以《もつ》て之《これ》を節《せつ》せざれば、亦《ま》た行《おこな》わるべからざるなり。

有子曰、礼之用、和為貴。先王之道、斯為美。小大由之。有所不行、知和而和、不以礼節之。亦不可行也。

一三

有子がいわれた。
「信が義に近いと、その約束も履行できる。恭が礼に近いと、辱《はずかし》めを遠ざける。頼るときに親しむべき人を取り違えないと、その人を中心にしていける」

有子《ゆうし》曰《いわ》く、信《しん》、義《ぎ》に近《ちか》づけば、言復《げんふ》むべし。恭《きょう》、礼《れい》に近《ちか》づけば、恥《ち》辱《じょく》に遠《とお》ざかる。因《よ》ること其《そ》の親《しん》を失《うしな》わざれば、亦《ま》た宗《そう》とすべし。

有子曰、信近於義、言可復也。恭近於礼、遠恥辱也。因不失其親、亦可宗也。

一四

先生がいわれた。

「君子は満腹したいという望みもなく、住まいを安楽にしたいという望みもなく、仕事にはつとめるが、言葉はつつしみ、道をわきまえた人について正してもらうようなら、その人は学問を好む人だといえる」

子曰《しいわ》く、

君子《くんし》は食飽《しょくあ》くことを求《もと》むるなく、居安《きょやす》きを求《もと》むるなく、事《こと》に敏《びん》にして言《げん》に慎《つつし》み、有道《ゆうどう》に就《つ》きて正《ただ》すを、学《がく》を好《この》むというべきのみ。

子曰、君子食無求飽、居無求安、敏於事而慎於言、就有道而正焉、可謂好学也已。

一五　子貢《しこう》がたずねた。
「貧乏でもへつらわず、裕福でもいばらないというのは、いかがですか」

先生がいわれた。

「それでもよいが、貧乏でも生活を楽しみ、裕福でも礼を好む人が、ずっとよい」

子貢「『詩経《しきょう》』に『切るがごとく磋くがごとく、琢つがごとく磨くがごとく』（衛風・淇澳《きいく》篇）とありますが、このことですね」

先生「賜《し》（子貢）君、これでこそ君と『詩経』の話ができる。はじめに何かいってきかすと、まだいっていないことまで分かるのだから」


子貢曰《しこういわ》く、「貧《まず》しくして諂《へつら》うことなく、富《と》みて驕《おご》ることなきはいかん」。子曰《しいわ》く、「可《か》なり、未《いま》だ貧《まず》しくして楽《たの》しみ、富《と》みて礼《れい》を好《この》む者《もの》に若《し》かざるなり」。子貢曰《しこういわ》く、「詩《し》に云《い》わく、『切《き》るが如《ごと》く磋《みが》くが如《ごと》く、琢《う》つが如《ごと》く磨《と》ぐが如《ごと》し』と。其《そ》れ斯《これ》を之《こ》れ謂《い》うか」。子曰《しいわ》く、「賜《し》や、始《はじ》めて与《とも》に詩《し》を言《い》うべきのみ。これに往《おう》を告《つ》げて来《らい》を知《し》る者《もの》なり」。

子貢曰、貧而無諂、富而無驕、如何。子曰、可也。未若貧而楽、富而好礼者也。

子貢曰、詩云、如切如磋、如琢如磨。其斯之謂与。子曰、賜也、始可与言詩已矣。

告諸往而知来者。

一六

先生がいわれた。

「他人が自分を理解してくれないなどと気にせずに、自分が他人を理解していないのではないかと、気にかけなさい」

子《し》曰《いわ》く、
人《ひと》の己《おのれ》を知《し》らざるを患《うれ》えず。

人《ひと》を知《し》らざるを患《うれ》う。

子曰、不患人之不己知。患不知人也。

為《い》政《せい》第二

一

先生がいわれた。
「徳（人格の力）に基づいて政治をすると、ちょうど北極星が定位置にいて、そのまわりをたくさんの星が取りまいているのと同じになるものだ」

子曰、為政以徳、譬如北辰居其所、而衆星共之。

子《し》曰《いわ》く、政《まつりごと》を為《な》すに徳《とく》を以《もっ》てすれば、譬《たと》えば北辰《ほくしん》其《そ》の所《ところ》に居《い》て衆《しゅう》星《せい》の之《これ》に共《むか》うが如《ごと》し。

二

先生がいわれた。

「『詩経《しきょう》』の歌三百首を、ただ一言で表すなら、それは『思いに邪《よこし》まなし』ということだ」

子曰、詩三百、一言以蔽之。曰、思無邪。

子《し》曰《いわ》く、詩《し》三百《さんびゃく》、一言《いちげん》以《もっ》て之《これ》を蔽《おお》う、曰《いわ》く、思《おも》い邪《よこしま》なし。

三

先生がいわれた。

「政治によって導き、刑罰によって統制すると、免れたのを幸いにして、恥ずかしいとも思わない。徳によって導き、礼によって統制したら、人民は恥ずかしいと思い、正しくなる」

子《し》曰《いわ》く、之《これ》を道《みちび》くに政《せい》を以《もっ》てし、之《これ》を斉《ひと》しくするに刑《けい》を以《もっ》てすれば、民《たみ》免《まぬか》れて恥《はじ》なし。之《これ》を道《みちび》くに徳《とく》を以《もっ》てし、之《これ》を斉《ひと》しくするに礼《れい》を以《もっ》てすれば、恥《は》じ有りて且《か》つ格《いた》る。

子曰、道之以政、斉之以刑、民免而無恥。道之以徳、斉之以礼、有恥且格。

四

先生がいわれた。
「わたしは十五歳で学問にこころざし、三十でひとりだちし、四十で迷わなくなり、五十で天命をさとり、六十で人の言葉を素直に聞き、七十になっては心の望むままにしても、節度を越えなくなった」

子《し》曰《いわ》く、吾《われ》十有五《じゅうゆうご》にして学《がく》に志《こころざ》す。三十《さんじゅう》にして立《た》つ。四十《しじゅう》にして惑《まど》わず。五十《ごじゅう》にして天命《てんめい》を知《し》る。六十《ろくじゅう》にして耳《みみ》順《したが》う。七十《しちじゅう》にして心《こころ》の欲《ほっ》する所《ところ》に従《したが》えども矩《のり》を踰《こ》えず。

子曰、吾十有五而志学。三十而立。四十而不惑。五十而知天命。六十而耳順。七十而従心所欲、不踰矩。

▼人生の節目を、志学《しがく》、而立《じりつ》、不惑《ふわく》、知命《ちめい》、耳順《じじゅん》、不踰《ふゆ》と表現するのは、この孔子の語による。当時としては格別に高齢であった孔子が、最晩年に故郷で自らの生涯を回想したおりの発言であるが、「人生七十」が必ずしも稀《まれ》ではなくなった今日、この語録を読む読者には各自の感慨があろう。

五

孟懿子《もういし》が孝《こう》のことをたずねた。

先生がいわれた。

「理にはずれないように」

樊遅《はんち》が御者だったので、先生は樊遅に話された。

「孟孫さんが、わたしに孝のことをたずねたので、わたしは、『理にはずれないように』と答えておいた」

樊遅「どういう意味ですか」

先生「親が健在でいるときは、礼に基づいておつかえし、死去してからは、礼によって葬り、礼によって祭るということだ」


孟懿子《もういし》、孝《こう》を問《と》う。

子曰《しいわ》く、「違《たが》うなし」。

樊遅《はんち》御《ぎょ》たり。

子《し》、之《これ》に告《つ》げて曰《いわ》く、

「孟孫孝《もうそんこう》を我《われ》に問《と》う。我《われ》対《こた》えて曰《いわ》く、違《たが》うなしと」。

樊遅曰《はんちいわ》く、「何《なん》の謂《いい》ぞや」。

子曰《しいわ》く、

「生《い》けるには之《これ》に事《つか》うるに礼《れい》を以《もっ》てし、死《し》すれば之《これ》を葬《ほうむ》るに礼《れい》を以《もっ》てし、之《これ》を祭《まつ》るに礼《れい》を以《もっ》てす」。


孟懿子問孝。子曰、無違。樊遅御。子告之曰、孟孫問孝於我。我対曰、無違、樊遅曰、何謂也。子曰、生事之以礼、死葬之以礼、祭之以礼。

六

孟武伯《もうぶはく》が孝のことをたずねた。
先生がいわれた。
「お父さんお母さんは、子供の病気のことばかり心配するものだ」

孟武伯問孝。子曰、父母唯其疾之憂。

孟武伯《もうぶはく》、孝《こう》を問《と》う。
子曰《しいわ》く、
父母《ふぼ》は唯其《ただそ》の疾《やまい》をこれ憂《うれ》う。

七

子游《しゆう》が孝のことをたずねた。
先生がいわれた。
「ちかごろの孝は、飲食のことをちゃんと面倒みることであるが、犬や馬だってみんな十分に面倒みている。尊敬しなかったら、犬や馬が面倒みるのと、どこで区別するのだ」

子遊問孝。子曰、今之孝者、是謂能養。至於犬馬、皆能有養。不敬何以別乎。

子游《しゆう》、孝《こう》を問《と》う。
子曰《しいわ》く、
今《いま》の孝《こう》はこれ能《よ》く養《やしな》うを謂《い》う。犬馬《けんば》に至《いた》るまで、皆能《みなよ》く養《やしな》うことあり。敬《けい》せずんば何《なに》を以《もっ》て別《わか》たんや。

八

子夏《しか》が孝のことをたずねた。
先生がいわれた。
「顔の表情を作るのがむずかしい。用事があれば、若い者が骨身惜しまず働き、お酒やご飯があれば、年上にめしあがっていただく。いったいこれで孝といえますか」

子夏《しか》、孝《こう》を問《と》う。
子曰《しいわ》く、
色難《いろがた》し。事《こと》あれば弟子《ていし》その労《ろう》に服《ふく》し、酒食《しゅし》あれば先生《せんせい》饌《せん》す。曾《かつ》て是《ここ》を以《もっ》て孝《こう》と為《な》さんや。

子夏問孝。子曰、色難。有事、弟子服其労、有酒食、先生饌。曾是以為孝乎。

九

先生がいわれた。

「わたしは顔回《がんかい》と一日中話をしていても、彼はまるで愚か者みたいに反論しない。私生活における彼の行ないをみてみると、わたしの教えを十分に発揮している。顔回という人は、愚か者ではない」

子曰《しいわ》く、吾《われ》回《かい》と言《い》うこと終日《しゅうじつ》。違《たが》わざること愚《ぐ》の如《ごと》し。退《しりぞ》きて其《そ》の私《わたくし》を省《かえり》みれば、亦《ま》た以《もっ》て発《はっ》するに足《た》れり。回《かい》や愚《ぐ》ならず。

子曰、吾与回言終日、不違如愚。退而省其私、亦足以発。回也不愚。

一〇

先生がいわれた。

「その人の行為を注視し、その人の意図を観察し、またその人が楽しんでいることを明察したら、いったい誰が隠せようか、隠すことはできない」

子曰、視其所以、観其所由、察其所安、人焉廋哉。人焉廋哉。

子《し》曰《いわ》く、其《そ》の以《な》す所《ところ》を視《み》、其《そ》の由《よ》る所《ところ》を観《み》、其《そ》の安《やす》んずる所《ところ》を察《さっ》すれば、人《ひと》焉《いずく》んぞ廋《かく》さんや、人《ひと》焉《いずく》んぞ廋《かく》さんや。

一一

先生がいわれた。

「古いことをたずねて、そこに新しいことを発見できたら、その人は先生になってもいい」

子曰、温故而知新、可以為師矣。

子《し》曰《いわ》く、故《ふる》きを温《たず》ねて新《あたら》しきを知《し》れば、以《もっ》て師《し》となるべし。

一二

先生がいわれた。
「君子は、専門家にはならない」

子曰《しいわ》く、
君子《くんし》は器《き》ならず。

子曰、君子不器。

▼器物はある特定の目的のためには役に立つが、それ以外の目的のためには役立たない。ここではそれを人物の器量にたとえていう。スペシャリスト・職人技術者が君子の範疇から除外されたことが、科学技術を評価しない原因ともなった。

一三

子貢《しこう》が君子のことをたずねた。
先生がいわれた。
「まずは実行して、それから後に発言すること」

子貢《しこう》、君子《くんし》を問《と》う。
子曰《しいわ》く、
先《ま》ず其《そ》の言《げん》を行《おこな》いて而《しか》る後之《のちこれ》に従《したが》う。

子貢問君子。子曰、先行其言、而後従之。

一四

先生がいわれた。
「君子は誰にでも公平にし、かたよることはない。小人はかたよるもので、誰にでも公平にはしない」

子曰、君子周而不比。小人比而不周。

子《し》曰《いわ》く、
君子《くんし》は周《しゅう》して比《ひ》せず。小人《しょうじん》は比《ひ》して周《しゅう》せず。

一五

先生がいわれた。
「いくら学んでも、考えなければすっかり理解できないし、いくら考えても、人に学ばなければ不確かなものだ」

子曰、学而不思則罔、思而不学則殆。

子《し》曰《いわ》く、
学《まな》んで思《おも》わざれば則《すなわ》ち罔《くら》く、
思《おも》うて学《まな》ばざれば則《すなわ》ち殆《あやう》し。

一六

先生がいわれた。
「間違った考えを研究するのは、害ばかりである」

子《し》曰《いわ》く、異端《いたん》を攻《おさ》むるは斯《こ》れ害《がい》のみ。

子曰、攻乎異端、斯害也已。

一七

先生がいわれた。
「由《ゆう》（子路）君、君に『知る』ということを教えようか。知ったことを知ったとし、知らないことを知らないとする、それが『知る』ということだ」

子《し》曰《いわ》く、由《ゆう》、女《なんじ》に之《これ》を知《し》るを誨《おし》えんか。之《これ》を知《し》るを之《これ》を知《し》るとなし、知《し》らざるを知《し》らずとなす。是《こ》れ知《し》るなり。

子曰、由誨女知之乎。知之為知之、不知為不知。是知也。

一八

子張《しちょう》が俸給のとりかたを習おうとした。
先生がいわれた。
「ひろく聞いて疑わしいところはとりのぞき、確かなものとして残ったことを言えば、非難が少なくなる。ひろく見てあやふやなところをとりのぞき、残ったことを行なえば、後悔が少なくなる。発言しても非難が少なく、実践しても後悔が少なければ、俸給は自然ともらえる」

子張《しちょう》、禄《ろく》を干《もと》むるを学《まな》ぶ。
子曰《しいわ》く、
多《おお》く聞《き》きて疑《うたが》わしきを闕《か》き、慎《つつし》んで其《そ》の餘《よ》を言《い》えば則《すなわ》ち尤《とが》め寡《すくな》し。多《おお》く見《み》て殆《あやう》きを闕《か》き、慎《つつし》んで其《そ》の餘《よ》を行《おこな》えば則《すなわ》ち悔《かい》寡《すくな》し。言《こと》尤《とが》め寡《すくな》く、行《おこな》い悔《かい》寡《すくな》ければ、禄《ろく》其《そ》の中《うち》に在《あ》り。

子張学干禄。子曰、多聞闕疑、慎言其餘、則寡尤。多見闕殆、慎行其餘、則寡悔。言寡尤、行寡悔、禄在其中矣。

一九

哀公がたずねた。

「どうしたら人民が心服しますか」

孔子がこたえられた。

「心のまっすぐな人を抜てきし、曲がったやつらを捨てておけば、人民が心服します。曲がったやつらを抜てきし、まっすぐな人を捨てておけば、人民は心服しません」


哀公《あいこう》問《と》うて曰《いわ》く、何為《いかん》せば則《すなわ》ち民服《たみふく》せん。孔子《こうし》対《こた》えて曰《いわ》く、直《なお》きを挙《あ》げて諸《もろもろ》の枉《まが》れるを錯《お》けば則《すなわ》ち民服《たみふく》す。枉《まが》れるを挙《あ》げて諸《もろもろ》の直《なお》きを錯《お》けば則《すなわ》ち民《たみ》服《ふく》せず。

哀公問曰、何為則民服。孔子対曰、挙直錯諸枉、則民服。挙枉錯諸直、則民不服。

▼哀公――魯国の君主。哀公の十六年（BC四七九）に孔子は死去した。

二〇

季康子《きこうし》がたずねた。

「人民を敬や忠にさせて励むようにさせるというのは、いかがですか」

先生がいわれた。

「荘重な態度でのぞめば敬になるし、孝であり慈であれば、忠になる。よい人を引き立てて、できないものには教えてやれば励むようになる」

季康子《きこうし》問《と》う。民《たみ》をして敬忠《けいちゅう》にして以《もっ》て勧《すす》ましめんこと、之《これ》をいかん。子曰《しいわ》く、之《これ》に臨《のぞ》むに荘《そう》を以《もっ》てすれば則《すなわ》ち敬《けい》す。孝慈《こうじ》なれば則《すなわ》ち忠《ちゅう》なり。善《ぜん》を挙《あ》げて不能《ふのう》を教《おし》うれば則《すなわ》ち勧《すす》む。

季康子問。使民敬忠以勸、如之何。子曰、臨之以莊則敬。孝慈則忠。挙善而教不能則勸。

二一

ある人が孔子にいった。

「先生はどうして政治にたずさわらないのですか」

先生がいわれた。

「『書経《しょきょう》』（君陳篇）に孝のことをいっています。『孝なればこそ兄弟に友に、ひいては政におよぶ』と。これでも政治をしているのです。何も官職についてするばかりが、政治にたずさわることではありません」

或《あ》るひと孔子《こうし》に謂《い》いて曰《いわ》く、
子《し》奚《なん》ぞ政《まつりごと》を為《な》さざる。
子《し》曰《いわ》く、
『書《しょ》』に孝《こう》を云《い》えるか。「惟《こ》れ孝《こう》は兄弟《けいてい》に友《ゆう》に政《まつりごと》有《あ》るに施《ほどこ》す」と。是《こ》れも亦《ま》た政《まつりごと》を為《な》すなり。奚《なん》ぞ其《そ》れ政《まつりごと》を為《な》すを為《な》さん。

或謂孔子曰、子奚不為政。子曰、書云孝乎。惟孝友于兄弟、施於有政、是亦為政。

奚其為為政。

二二

先生がいわれた。

「人間でありながら、信用がなかったならば、どこに取り柄があるのかわからない。牛車に輗《げい》（轅《ながえ》の横木）がなく、馬車に軏《げつ》（轅のくびきどめ）がなかったならば、一体どうやって走らせようか」

子《し》曰《いわ》く、人《ひと》にして信《しん》なくんば、其《そ》の可《か》なるを知《し》らず。大車《たいしゃ》に輗《げい》なく、小車《しょうしゃ》に軏《げつ》なくんば、其《そ》れ何《なに》を以《もっ》て之《これ》を行《や》らんや。

子曰、人而無信、不知其可也。大車無輗、小車無軏、其何以行之哉。

二三

子張《しちょう》がたずねた。

「十代さきのことがわかりますか」

先生がいわれた。

「殷《いん》は夏《か》の礼によっているから、取捨したところがわかるし、周《しゅう》も殷の礼によっているから取捨したところがわかる。もし周の後を継ぐものがあるとすれば、たとい百代さきでもわかるわけだ」

子張《しちょう》問《と》う。十世《じっせい》知《し》るべきか。子曰《しいわ》く、殷《いん》は夏《か》の礼《れい》に因《よ》る。損益《そんえき》する所《ところ》知《し》るべきなり。周《しゅう》は殷《いん》の礼《れい》に因《よ》る。損益《そんえき》する所《ところ》知《し》るべきなり。其《そ》れ或《あ》いは周《しゅう》に継《つ》ぐ者《もの》は、百世《ひゃくせい》と雖《いえど》も知《し》るべきなり。

子張問。十世可知也。子曰、殷因於夏礼。所損益可知也。周因於殷礼。所損益可知也。其或継周者、雖百世可知也。

二四

先生がいわれた。「自分の家族の御霊《みたま》でもないのを祭るのは、諂《へつら》いだ。正義をわきまえながら実践しないのは、勇気がないのだ」

子曰《しいわ》く、其《そ》の鬼《き》に非《あら》ずして之《これ》を祭《まつ》るは諂《へつら》うなり。義《ぎ》を見《み》て為《な》さざるは勇《ゆう》なきなり。

子曰、非其鬼而祭之、諂也。見義不為、無勇也。

▼「義《ぎ》を見て為《な》さざるは勇《ゆう》なきなり」の出典。

八佾《はちいつ》第三

一 孔子が、季氏《きし》の専横ぶりについてこういわれた。「天子でもないのに、八佾《はちいつ》の舞を庭でやっているが、ここまでしでかすなら、何だってしきれないものはない」

孔子《こうし》、季氏《きし》を謂《い》う。「八佾《はちいつ》庭《にわ》に舞《ま》わす。是《これ》をも忍《しの》ぶ可《べ》くんば、孰《いず》れか忍《しの》ぶ可《べ》からざらん」。

孔子謂季氏。八佾舞於庭。是可忍也、孰不可忍也。

▼佾とは舞の列のこと。八列に並んで舞うのは、天子にのみ許されている。諸侯にすぎない季氏は、六列の舞が許されているのに八列の舞を行なったので、非難された。

二

魯《ろ》の大夫の三家《さんか》（孟孫・叔孫・季孫）の人たちが、（本来なら天子の宗廟の祭に歌う）雍《よう》を歌いながらかたづけた。先生がいわれた。
「『たすけるのは諸侯、天子はあくまで奥深く』（『詩経』周頌・雍篇）。この雍の歌が三家の堂と何の関わりがあろう」

三家者以雍徹。子曰、相維辟公。天子穆穆。奚取於三家之堂。

三家《さんか》は雍《よう》を以《もっ》て徹《てっ》す。子曰《しいわ》く、「『相《たす》くるに維《こ》れ辟公《へきこう》あり。天《てん》子《し》穆穆《ぼくぼく》たり』と。奚《なん》ぞ三家《さんか》の堂《どう》に取《と》らん」。

三

先生がいわれた。
「人として仁でなければ、礼があっても何になろう。人として仁でなければ、楽《がく》があっても何になろう」

子曰、人而不仁、如礼何。人而不仁、如楽何。

子曰《しいわ》く、人《ひと》にして不仁《ふじん》ならば礼《れい》をいかん。人《ひと》にして不仁《ふじん》ならば楽《がく》をいかん。

四

林放《りんぽう》が礼の根本についてたずねた。
先生がいわれた。
「適切だね、その質問は。礼ははでやかにするよりは、むしろ地味にし、お葬《とむら》いには儀式をととのえるよりは、むしろ心からいたむことだ」

林放《りんぽう》、礼《れい》の本《もと》を問《と》う。
子曰《しいわ》く、
大《だい》なる哉《かな》問《と》いや。礼《れい》は其《そ》の奢《おご》らんよりは寧《むし》ろ倹《けん》せよ。喪《そう》は其《そ》の易《おさ》めんよりは寧《むし》ろ戚《いた》め。

林放問礼之本。子曰、大哉問。礼与其奢也寧倹。喪与其易也寧戚。

五

先生がいわれた。
「夷狄《いてき》でさえ君主がいる。中国に、君主がいないのとは違う」

子曰、夷狄之有君。不如諸夏之亡也。

子曰《しいわ》く、
夷狄《いてき》もこれ君《きみ》あり。諸夏《しよか》の亡《な》きが如《ごと》くならざるなり。

▼皇侃の『論語義疏』は「亡《な》きに如かず」と読んで、「たとえ夷狄に君主が存在していても、中国の政体に君主が存在しない状態には及ばない」と解釈する。中国周辺の未開民族よりは、政体に不備が生まれても中国文化の方がすぐれていることをのべたものだという。しかし、朱子のように、「中国には君主が在位していない」までに僭越混乱が深刻であることを、孔子が歎《なげ》いたのだと解釈する方が、孔子の危機意識をあらわしているといえよう。

六

大夫の季氏が泰山《たいざん》で、（諸侯の行なう山川の祭である）旅《りょ》をやった。

先生は、冉有《ぜんゆう》にいわれた。

「君はとめられなかったのか」

冉有が答えた。

「できませんでした」

先生「ああ、さては（非礼を受けた）泰山の山神は、（礼をわきまえている）林放にも劣ると思っているのか」

季氏《きし》、泰山《たいざん》に旅《りょ》す。子《し》、冉有《ぜんゆう》に謂《い》いて曰《いわ》く、「女《なんじ》救《すく》う能《あた》わざるか」。対《こた》えて曰《いわ》く、「能《あた》わず」。子《し》曰《いわ》く、「嗚呼《ああ》、曾《すなわ》ち泰山《たいざん》は林放《りんぽう》に如《し》かずと謂《おも》えるか」。

季氏旅於泰山。子謂冉有曰、女弗能救与。対曰、不能。子曰、嗚呼、曾謂泰山不如林放乎。

▼林放が礼をわきまえていたことについては、前前条参照。

七

先生がいわれた。

「君子は争うことがない。あるとしたら弓の時だけだ。弓を射《い》る時は、会釈をしてから堂にのぼり、競射のあとは堂を降りてから敗者が酒を飲まされる。その争いまでが君子だ」

子曰《しいわ》く、君子《くんし》は争《あらそ》う所《ところ》なし。必《かなら》ずや射《しゃ》か。揖譲《ゆうじょう》して升《のぼ》り、下《くだ》つて飲《の》ましむ。其《そ》の争《あらそ》いや君子《くんし》なり。

子曰、君子無所争。必也射乎。揖譲而升、下而飲。其争也君子。

八

子夏《しか》がたずねた。

「『詩経《しきょう》』からもれた詩に『口もと愛らし　にこにこと、目もとうつくし　ぱっちりと、もとの生地にも色そえて』とありますが、どういう意味ですか」

先生がいわれた。

「色つけは生地ができたあとのことだ」

子夏「では、礼は後ですか」

先生「わたしを啓発してくれるのは、商（子夏）だ。これでこそ、君と『詩経』の話ができる」


子夏《しか》問《と》いて曰《いわ》く、「『巧笑倩《こうしょうせん》たり。美目盼《びもくへん》たり。素《そ》以《もっ》て絢《けん》を為《な》す』とは何《なん》の謂《いい》ぞや」。

子曰《しいわ》く、「絵《え》の事《こと》は素《そ》より後《のち》にす」。

曰《いわ》く、「礼《れい》は後《のち》か」。

子曰《しいわ》く、「予《よ》を起《おこ》す者《もの》は商《しょう》なり。始《はじ》めて与《とも》に詩《し》を言《い》うべきのみ」。


子夏問曰、巧笑倩兮。美目盼兮。素以為絢兮、何謂也。子曰、絵事後素。曰、礼後乎。子曰、起予者商也。始可与言詩已矣。

九

先生がいわれた。

「夏《か》の礼についてては話せるが、杞《き》には十分な証拠がない。殷《いん》の礼についても話せるが、宋《そう》には十分な証拠がない。古文献も賢人も不十分だからだ。もし十分なら、わたしも証拠にできる」

子曰《しいわ》く、夏《か》の礼《れい》は吾能《われよ》く之《これ》を言《い》うも、杞《き》は徴《ちょう》するに足《た》らず。殷《いん》の礼《れい》は吾能《われよ》く之《これ》を言《い》うも、宋《そう》は徴《ちょう》するに足《た》らず。文献《ぶんけん》足《た》らざるが故《ゆえ》なり。足《た》らば則《すなわ》ち吾能《われよ》く之《これ》を徴《ちょう》せん。

子曰、夏礼吾能言之、杞不足徴也。殷礼吾能言之、宋不足徴也。文献不足故也。足則吾能徴之矣。

▼孔子は、夏・殷二代の礼を再建することに情熱をもやした。それなのに、夏の子孫が住む杞の国、殷の子孫が住む宋の国に、礼を伝える古文献がなく礼を伝承する賢人がいないために、みずからが理解する礼を証拠だてすることができないことを歎いた発言だという。文は典籍、献は賢人をいう。

一〇

先生がいわれた。
「禘《てい》も、お酒をふりまいてしまってから先は、見たいとは思わない」

子曰《しいわ》く、
禘《てい》は既《すで》に灌《かん》してより往《さき》は、吾《われ》之《これ》を観《み》るを欲《ほっ》せず。

子曰、禘自既灌而往者、吾不欲観之矣。

▼禘とは、王者が始祖の源である帝を始祖の廟に祀《まつ》る大祭のこと。祭の始めに黒きびの酒を注ぐ灌の儀式をして、神降《おろ》しを行なう。そもそも、魯の国が禘の大祭を行なうのが非礼であるのに、魯の君臣が誠意を失ったので、とても見るにたえないと孔子が歎いたのだ、と解釈する。

一一

ある人が禘のわけをたずねた。先生が、「知らない。そのわけを知っているほどの人なら、天下のことについても、そら、ここに見せるように、何でもこなせるさ」といわれて、自分の手のひらを指《ゆび》さされた。

或問禘之説。子曰、不知也。知其説者之於天下也、其如示諸斯乎。指其掌。

或人《あるひと》禘《てい》の説《せつ》を問《と》う。子曰《しいわ》く、「知《し》らざるなり。其《そ》の説《せつ》を知《し》る者《もの》の天下《てんか》に於《お》けるや、其《そ》れ諸《これ》を斯《ここ》に示《み》るが如《ごと》きか」と。其《そ》の掌《たなごころ》を指《ゆび》さす。

一二

祖先の祭には、祖先が健在であるかの如く祖霊を祭り、神の祭には、神が現前するかのように祭られた。先生がいわれた。
「わたしにとって、お祭に直接たずさわらないのは、お祭をしなかったのと同じだ」

祭如在、祭神如神在。子曰、吾不与祭、如不祭。

祭《まつ》るには在《いま》すが如《ごと》くし、神《かみ》を祭《まつ》るには神在《かみいま》すが如《ごと》くす。
子曰《しいわ》く、
「吾《われ》は祭《まつり》に与《あずか》らざれば祭《まつ》らざるが如《ごと》し」。

一三

王孫賈《おうそんか》がたずねていった。
「『奥座敷の神にこびへつらうより竈《かまど》の神にこびへつらえ』とは、どういう意味ですか」
先生が答えていわれた。
「いや、違う。天に対して罪を犯したら、祈るすべがない」

王孫賈問曰、与其媚於奧、寧媚於竈、何謂也。子曰、不然。獲罪於天、無所祷也。

王孫賈《おうそんか》、問《と》いて曰《いわ》く、「『其《そ》の奥《おう》に媚《こ》びんよりは寧《むし》ろ竈《そう》に媚《こ》びよ』とは、何《なん》の謂《い》いぞや」。
子曰《しいわ》く、「然《しか》らず。罪《つみ》を天《てん》に獲《え》ば祷《いの》る所《ところ》なきなり」。

一四

先生がいわれた。
「周は二代（夏《か》と殷《いん》）を参考にしたから、周はみごとな文化だ。わたしは周にしたがう」

子曰、周監於二代、郁郁乎文哉。吾従周。

子曰《しいわ》く、
周《しゅう》は二代《にだい》に監《かんが》みて郁郁《いくいく》乎《こ》として文《ぶん》なる哉《かな》。吾《われ》は周《しゅう》に従《したが》わん。

一五

先生は、大廟《たいびょう》（周公の廟）に入って、一つ一つたずねられた。

ある人がいった。

「鄹《すう》生まれの男が礼を知っていると誰がいったのだ。大廟に入って一つ一つたずねている」

先生はそれを聞いていわれた。

「そうするのが礼なのだ」

子《し》、大廟《たいびょう》に入《い》りて事毎《ことごと》に問《と》う。或人《あるひと》曰《いわ》く、

「孰《たれ》か鄹人《すうひと》の子《こ》を礼《れい》を知《し》れりと謂《い》うや。大廟《たいびょう》に入《い》りて事《こと》毎《ごと》に問《と》う」。

子《し》、之《これ》を聞《き》いて曰《いわ》く、

「是《こ》れ礼《れい》なり」。

子入大廟、毎事問。或曰、孰謂鄹人之子知礼乎。入大廟毎事問。子聞之曰、是礼也。

一六

先生がいわれた。

「弓は標的である皮を射ぬくことを、第一義とはしない。実力に差があるためだ。それこそが本来の道である」

子曰《しいわ》く、

射《しゃ》の皮《かわ》を主《しゅ》とせざるは、力《ちから》の科《しな》を同《おな》じくせざるがためなり。

古《いにしえ》の道《みち》なり。

子曰、射不主皮、為力不同科。古之道也。

一七

子貢が告朔《こくさく》（月はじめに宗廟に報告する）の時に、いけにえにする羊をやめようとした。

先生がいわれた。

「賜《し》（子貢）君、君は羊を惜しがるが、わたしは、その礼が惜しいのだ」

子貢《しこう》、告朔《こくさく》の餼羊《きよう》を去《さ》らんと欲《ほっ》す。

子曰《しいわ》く、

賜《し》や、爾《なんじ》は其《そ》の羊《ひつじ》を愛《お》しむ。

我《われ》は其《そ》の礼《れい》を愛《お》しむ。

子貢欲去告朔之餼羊。子曰、賜也、爾愛其羊。我愛其礼。

一八

先生がいわれた。

「主君につかえて礼を尽くすと、人はそれを諂《へつら》いだとみなす」

子曰、事君尽礼、人以為諂也。

子《し》曰《いわ》く、
君《きみ》に事《つか》うるに礼《れい》を尽《つ》くせば、
人《ひと》以《もっ》て諂《へつら》えりとなす。

一九

定公がたずねた。

「主君が家臣をつかい、家臣が主君につかえる際には、どうしたらいいですか」

孔子が答えていわれた。

「主君は礼によって家臣をつかい、家臣は忠によって主君につかえることです」

定公《ていこう》問《と》う、
「君《きみ》、臣《しん》を使《つか》い、臣《しん》、君《きみ》に事《つか》うること、之《これ》をいかん」。
孔子《こうし》対《こた》えて曰《いわ》く、
「君《きみ》、臣《しん》を使《つか》うに礼《れい》を以《もっ》てし、臣《しん》、君《きみ》に事《つか》うるに忠《ちゅう》を以《もっ》てす」。

定公問、君使臣、臣事君、如之何。孔子対曰、君使臣以礼、臣事君以忠。

二〇

先生がいわれた。

「関雎《かんしょ》（『詩経』の最初の詩）は、楽しんでも中正をふみはずしたりはせず、悲しんでも調和をそこないはしない」

子《し》曰《いわ》く、関雎《かんしょ》は楽《たの》しんで淫《いん》せず。哀《かな》しんで傷《やぶ》らず。

子曰、関雎楽而不淫。哀而不傷。

▼関雎は、『詩経』国風・周南の最初の篇名。『詩経』全体の冒頭に位置する。おしどりの夫婦を王者とその妃にたとえ、その人格が素晴らしいために、楽しむときも哀しむときも性情の中正（バランス）を失わないので、この関雎を学ぶものはおのずと感化されるという。

二一

哀公《あいこう》が宰我《さいが》（孔子の門人）に、社（土地の神をまつるやしろ）のことをたずねた。

宰我が答えた。

「夏《か》の君は神木として松をもちい、殷の人は柏をもちい、周の人は栗をもちいましたが、人民を戦慄させるという意味でございます」

先生はこれを聞いていわれた。

「できたことはいうまい。止められぬことは諫めまい。過去はとがめまい」


哀公《あいこう》、社《しゃ》を宰我《さいが》に問《と》う。

宰我《さいが》対《こた》えて曰《いわ》く、

「夏后氏《かこうし》は松《しょう》を以《もち》い、殷人《いんひと》は柏《はく》を以《もち》い、周《しゅう》人《ひと》は栗《りつ》を以《もち》う」。曰《いわ》く、「民《たみ》をして戦栗《せんりつ》せしむ」。

子《し》、之《これ》を聞《き》いて曰《いわ》く、

「成事《せいじ》は説《と》かず、遂事《すいじ》は諫《いさ》めず、既往《きおう》は咎《とが》めず」。


哀公問社於宰我。宰我対曰、夏后氏以松、殷人以栢、周人以栗。曰、使民戦栗。

子聞之曰、成事不説、遂事不諫、既往不咎。

▼宰我が神木に特別の意味がないことを知らずに栗《りつ》を戦慄と結びつけて答えたことを、孔子が非難した。

二二　先生がいわれた。

「管仲《かんちゅう》（斉の国の大夫）の器量は小さいね」

ある人「管仲は倹約家だったのですか」

先生「管さんには三帰という名の屋敷があり、管理は兼任させなかった。どうして倹約といえますか」

ある人「それでは管仲は礼を心得ていたのですか」

先生「国君は塀を立てて門の目隠しにするが、管さんも（陪臣なのに）塀を立てて門の目隠しにした。国君が二人よって酒盛りをする時には、盃を戻す台をつくるが、管さんも（陪臣なのに）盃を戻す台があった。この管さんが礼を心得ているとしたら、礼を心得ない人などあるものですか」

子《し》曰《いわ》く、

「管仲《かんちゅう》の器小《きしょう》なる哉《かな》」。

或人曰《あるひといわ》く、「管仲《かんちゅう》は倹《けん》なるか」。

曰《いわ》く、「管氏《かんし》に三帰《さんき》あり、官《かん》事《じ》摂《か》ねず。焉《いずく》んぞ倹《けん》とするを得《え》ん」。

「然《しか》らば則《すなわ》ち管仲《かんちゅう》は礼《れい》を知《し》るか」。

曰《いわ》く、

「邦君《ほうくん》は樹《じゅ》して門《もん》を塞《ふさ》ぐ。管《かん》氏《し》も亦《ま》た樹《じゅ》して門《もん》を塞《ふさ》ぐ。邦《ほう》君両君《くんりょうくん》の好《こう》を為《な》すに反坫《はんてん》あり。管氏《かんし》も亦《ま》た反坫《はんてん》あり。管《かん》氏《し》にして礼《れい》を知《し》らば、孰《たれ》か礼《れい》を知《し》らざらん」。

子曰、管仲之器小哉。或曰、管仲倹乎。曰、管氏有三帰。官事不摂。焉得倹。然則管仲知礼乎、曰、邦君樹塞門。管氏亦樹塞門。邦君為両君之好有反坫。管氏亦有反坫。管氏而知礼、孰不知礼。

▼斉の桓公を助けて覇者にした名宰相と評される管仲が、実はスケールの小さい人物であると酷評した語録。

二三

先生が音楽のことを魯《ろ》の大師《たいし》（音楽をつかさどる役人）に話された。

「音楽ならわかります。はじめるとそろってきますし、やっていく中にぴったりし、はっきりし、ずっと続いて、それで（一節が）できあがりますから」

子《し》、魯《ろ》の大師《たいし》に楽《がく》を語《つ》げて曰《いわ》く、

「楽《がく》は其《そ》れ知《し》るべし。始《はじ》めて作《な》すに翕如《きゅうじょ》たり。之《これ》を従《はな》つに純如《じゅんじょ》たり。皦如《きょうじょ》たり。繹《えき》如《じょ》たり。以《もっ》て成《な》る」。

子語魯大師楽曰、楽其可知也。始作翕如也。従之純如也。皦如也。繹如也。以成。

二四

儀《ぎ》（衛国の町）の関守が面会を願い出ていった。

「君子がここに来られた時に、わたしは会えなかったことはなかった」

供のものが面会させた。

やがて出てきて関守がいった。

「皆さん、落ち目にあることを心配しなくてよい。もう長いことこの世に道が行なわれていないが、天はやがて先生を木鐸《ぼくたく》になさいます」


儀《ぎ》の封人《ほうじん》見《まみ》えんことを請《こ》うて曰《いわ》く、「君子《くんし》の斯《ここ》に至《いた》るや、吾《われ》未《いま》だ嘗《かつ》て見《まみ》ゆるを得《え》ずんばあらず」と。従者《じゅうしゃ》之《これ》を見《まみ》えしむ。出《い》でて曰《いわ》く、「二三子《にさんし》何《なん》ぞ喪《うしな》うことを患《うれ》えんや。天下《てんか》の道《みち》なきや久《ひさ》し。天《てん》将《まさ》に夫子《ふうし》を以《もっ》て木鐸《ぼくたく》となさんとす」と。

儀封人請見曰、君子之至於斯也、吾未嘗不得見也。従者見之。出曰、二三子、何患於喪乎。天下之無道也、久矣。天将以夫子為木鐸。

二五

先生が韶《しょう》（舜《しゅん》の時の音楽）のことを批評された。

「美しさは十分ですし、それによさも十分です」

また、武（周の武王の時の音楽）のことを批評された。

「美しさは十分ですが、よさは十分とはいえません」

子《し》、韶《しょう》を謂《い》う。「美《び》を尽《つ》くせり。又《また》善《ぜん》を尽《つ》くせり」。

武《ぶ》を謂《い》う。「美《び》を尽《つ》くせり、未《いま》だ善《ぜん》を尽《つ》くさず」。

子謂韶。尽美矣。又尽善也。謂武。尽美矣。未尽善也。

二六

先生がいわれた。「上の位にいながら寛大でなく、礼を行ないながらつつしみがなく、葬いに行きながら悲しまないとすると、一体どこを見どころにしたものだろうね」

子曰《しいわ》く、上《かみ》に居《い》て寛《かん》ならず、礼《れい》をなして敬《けい》せず、喪《も》に臨《のぞ》んで哀《かな》しまずんば、吾《われ》何《なに》を以《もっ》て之《これ》を観《み》んや。

子曰、居上不寛、為礼不敬、臨喪不哀、吾何以観之哉。

里《り》仁《じん》第四

一

先生がいわれた。

「人里は、仁の気風があるところが素晴らしい。(わが住む里を)選びながら仁の里に住まわないようでは、どうして智恵者といえようか」

子曰、里仁為美。択不処仁、焉得知。

子《し》曰《いわ》く、里《り》は仁《じん》を美《び》となす。択《えら》んで仁《じん》に処《お》らずんば、焉《いずく》んぞ知《ち》とするを得《え》ん。

二

先生がいわれた。

「仁でない人は、いつまでも貧乏ぐらしはできない。長い間、安楽な生活を維持できない。仁の人は仁に安住し、智の人は仁を追求する」

子《し》曰《いわ》く、不仁者《ふじんしゃ》は以《もっ》て久《ひさ》しく約《やく》に処《お》るべからず。以《もっ》て長《なが》く楽《らく》に処《お》るべからず。仁者《じんしゃ》は仁《じん》に安《やす》んじ、知者《ちしゃ》は仁《じん》を利《り》す。

子曰、不仁者、不可以久処約、不可以長処楽。仁者安仁。知者利仁。

三

先生がいわれた。

「ただ仁の人だけが人を愛することができるし、人を憎むことができる」

子《し》曰《いわ》く、

惟仁者《ただじんしゃ》のみ能《よ》く人《ひと》を好《この》み、能《よ》く人《ひと》を悪《にく》む。

子曰、惟仁者能好人、能悪人。

四

先生がいわれた。

「ほんとに仁をこころざしたら、悪いことなどしない」

子《し》曰《いわ》く、

苟《まこと》に仁《じん》に志《こころざ》せば悪《あく》なし。

子曰、苟志於仁矣、無悪也。

五

先生がいわれた。

「富と貴の二つは誰もがほしがるものだが、富貴になるはずがないのにそうなったのであればそれを享受しない。貧と賤の二つは誰もがいやがるものだが、貧賤になるはずがないのにそうなったのであればそれに甘んずる。君子が仁を回避したらどうしてプライドを保てますか。君子は食事の間も仁からはなれることはなく、ちょっとのあいまでも必ず仁を実践するし、危急の場合でも必ず仁を実践する」

子曰《しいわ》く、富《ふ》と貴《き》とは是人《これひと》の欲《ほっ》する所《ところ》なり。其《そ》の道《みち》を以《もっ》てせずして之《これ》を得《う》れば処《お》らざるなり。貧《ひん》と賤《せん》とは是人《これひと》の悪《にく》む所《ところ》なり。其《そ》の道《みち》を以《もっ》てせずして之《これ》を得《う》れば去《さ》らざるなり。君子《くんし》仁《じん》を去《さ》らば悪《いずく》にか名《な》を成《な》さん。君子《くんし》は終食《しゅうしょく》の間《あひだ》にも仁《じん》に違《たが》うことなし。造次《ぞうじ》にも必《かなら》ず是《ここ》に於《お》いてし、顚沛《てんぱい》にも必《かなら》ず是《ここ》に於《お》いてす。

子曰、富与貴、是人之所欲也。不以其道得之、不処也。貧与賤、是人之所悪也。不以其道得之、不去也。君子去仁、悪乎成名。君子無終食之間違仁。造次必於是、顚沛必於是。

六

先生がいわれた。

「わたしは、仁を好む人や不仁を憎む人を見たことがない。仁を好む人は、なに一つつけ加えることはない。が、不仁を憎む人が仁を行なおうとすると、不仁なことがわが身におこらないようにする。いつの日かわが力を仁を実践することに発揮しようとする人がいたとしたら、発揮する力が足りない人をわたしは見たことがない。いるのかもしれないが、わたしはまだ見たことがない」

子《し》曰《いわ》く、我《われ》は未《いま》だ仁《じん》を好《この》む者《もの》不仁《ふじん》を悪《にく》む者《もの》を見《み》ず。仁《じん》を好《この》む者《もの》は以《もっ》て之《これ》に尚《くわ》うるなし。不仁《ふじん》を悪《にく》む者《もの》は其《そ》の仁《じん》を為《な》すや、不仁《ふじん》なる者《もの》をして其《そ》の身《み》に加《くわ》わらしめず。能《よ》く一日《いちにち》其《そ》の力《ちから》を仁《じん》に用《もち》うるあらんか、我《われ》は未《いま》だ力《ちから》の足《た》らざる者《もの》を見《み》ず。蓋《けだ》し之《これ》有《あ》らん。我《われ》は未《いま》だ之《これ》を見《み》ざるなり。

子曰、我未見好仁者、悪不仁者。好仁者、無以尚之。悪不仁者、其為仁矣、不使不仁者加乎其身。有能一日用其力於仁矣乎、我未見力不足者。蓋有之矣。我未之見也。

七

先生がいわれた。
「人間のあやまちには、それぞれその傾向がある。あやまちを見ると、その人が仁かどうかがわかる」

子曰、人之過也、各於其党。観過、斯知仁矣。

子《し》曰《いわ》く、人《ひと》の過《あやま》ちや各《おのおの》其《その》の党《とう》に於《お》いてす。過《あやま》ちを観《み》て斯《ここ》に仁《じん》を知《し》る。

八

先生がいわれた。
「朝、道（本当のこと）がわかったら、その日の晩に死んでもいい」

子曰、朝聞道、夕死可矣。

子《し》曰《いわ》く、朝《あした》に道《みち》を聞《き》かば夕《ゆうべ》に死《し》すとも可《か》なり。

九

先生がいわれた。

「士が道に生きる志をもちながら、粗衣粗食を恥じるような人は、道のことを話し合うほどの人物ではない」

子曰、士志於道、而恥悪衣悪食者、未足与議也。

子《し》曰《いわ》く、

士《し》、道《みち》に志《こころざ》して悪衣《あくい》悪食《あくしょく》を恥《は》ずる者《もの》は未《いま》だ与《とも》に議《ぎ》するに足《た》らざるなり。

一〇先生がいわれた。

「君子が天下のことに取り組む場合、これでないといけない、あれであってはならぬということはない。正義にのみしたがうものである」

子曰、君子之於天下也、無適也、無莫也、義之与比。

子《し》曰《いわ》く、

君子《くんし》の天下《てんか》に於《お》けるや、適《てき》なく、莫《ばく》なし、義《ぎ》と之与《これとも》に比《したが》う。

一一

先生がいわれた。

「君子は徳（人格の向上）のことを思うが、小人《しょうじん》は住み良さを思う。君子は刑罰のことを思うが、小人は恩恵のことを思う」

子曰、君子懐徳、小人懐土。君子懐刑、小人懐恵。

子《し》曰《いわ》く、君子《くんし》は徳《とく》を懐《おも》い、小人《しょうじん》は土《ど》を懐《おも》う。君子《くんし》は刑《けい》を懐《おも》い、小《しょう》人《じん》は恵《けい》を懐《おも》う。

一二

先生がいわれた。

「利益ばかり追求すると、よく恨まれる」

子曰、放於利而行、多怨。

子《し》曰《いわ》く、利《り》に放《よ》りて行《おこな》えば怨《うら》み多《おお》し。

一三

先生がいわれた。
「礼と譲《じょう》とによって、国を治められたら、何もむずかしいことはない。もし、礼と譲とによって、国を治められなかったら、礼の形だけがあっても何にもならない」

子曰《しいわ》く、能《よ》く礼譲《れいじょう》を以《もっ》て国《くに》を為《おさ》めんか、何《なに》か有《あ》らん。能《よ》く礼譲《れいじょう》を以《もっ》て国《くに》を為《おさ》めずんば、礼《れい》を如何《いかん》。

子曰、能以礼譲為国乎、何有。不能以礼譲為国、如礼何。

一四

先生がいわれた。

「位のないことは気にかけないで、どうしたらその地位につけるかを思案する。自分を理解してくれる人がいないことを、気にかけたりしないで、理解してもらうだけの実績をあげようと努力する」

子《し》曰《いわ》く、位《くらい》なきを患《うれ》えず。立《た》つ所以《ゆえん》を患《うれ》う。己《おのれ》を知《し》るものなきを患《うれ》えず、知《し》らるべきを為《な》すを求《もと》む。

子曰、不患無位。患所以立。不患莫己知、求為可知也。

一五

先生がいわれた。

「曽参《そうしん》君、わたしの道（生き方）には、ただ一つのものが貫いているのだよ」

曽子がいった。

「はい」

先生がお出かけになると、門人が曽子にたずねた。

「どういう意味ですか」

曽子がいった。

「先生の道は、忠恕《ちゅうじょ》そのものです」

子《し》曰《いわ》く、

「参《しん》よ、吾《わ》が道《みち》は一《いち》以《もつ》て之《これ》を貫《つらぬ》く」。

曽子《そうし》曰《いわ》く、「唯《い》」。

子《し》出《い》づ。

門人《もんじん》問《と》うて曰《いわ》く、

「何《なん》の謂《いい》ぞや」。

曽子《そうし》曰《いわ》く、

「夫子《ふうし》の道《みち》は忠恕《ちゅうじょ》のみ」。


子曰、参乎、吾道一以貫之。曽子曰、唯。子出。門人問曰、何謂也。曽子曰、夫子之道、忠恕而已矣。

▼「忠」とはみずからに誠実なこと。「恕」とは誠実に他人に配慮すること。思いやり。

一六

先生がいわれた。
「君子は正義に敏感であり、小人は利益に敏感である」

子曰、君子喩於義。小人喩於利。

子《し》曰《いわ》く、君子《くんし》は義《ぎ》に喩《さと》る。小人《しょうじん》は利《り》に喩《さと》る。

一七

先生がいわれた。
「賢い人を見れば、その人と同じようになりたいと思うし、賢くない人を見れば、わが身を反省する」

子曰、見賢思斉焉、見不賢而内自省也。

子《し》曰《いわ》く、賢《けん》を見《み》ては斉《ひと》しからんことを思《おも》い、不賢《ふけん》を見《み》ては内《うち》に自《みずか》ら省《かえり》みる。

一八

先生がいわれた。

「父母につかえる際は穏やかに諫める。こちらの意向が聞き入れられない場合、わが身をつつしんで父母には逆らわない。どんなに叱られても怨まない」

子曰、事父母幾諫。見志不従。又敬不違。労而不怨。

子曰《しいわ》く、父母《ふぼ》に事《つか》えては幾諫《きかん》す。志《こころざし》の従《したが》われざるを見《み》ては、又敬《またけい》して違《たが》わず。労《ろう》して怨《うら》みず。

一九

先生がいわれた。

「父母が健在な間は、遠くへ出かけない。出かけても行先を決めておく」

子曰、父母在、不遠遊。遊必有方。

子曰《しいわ》く、父母在《ふぼいま》せば遠《とお》く遊《あそ》ばず。遊《あそ》ぶに必《かなら》ず方《ほう》あり。

二〇

先生がいわれた。
「父の死後三年間、父の生き方を改めない人こそ孝の人と評価できる」

子曰、三年無改於父之道、可謂孝矣。

子曰《しいわ》く、
三年父《さんねんちち》の道《みち》を改《あらた》めるなきを孝《こう》と謂《い》うべし。

二一

先生がいわれた。
「父母の歳は忘れてはいけない。一つには、その長生きを喜ぶために、もう一つは、体力の衰えを気づかうために」

子曰、父母之年、不可不知也。一則以喜、一則以懼。

子曰《しいわ》く、
父母《ふぼ》の年《とし》は知《し》らざるべからず。
一《いつ》は則《すなわ》ち以《もっ》て喜《よろこ》び、一《いつ》は則《すなわ》ち以《もっ》て懼《おそ》る。

二二

先生がいわれた。

「むかし、なかなか言葉に出さなかったのは、自分でそれを実行できないことを恥じたからである」

子曰、古者言之不出、恥躬之不逮也。

子《し》曰《いわ》く、
古者《いにしえ》言《げん》をこれ出《い》だざるは躬《み》の逮《およ》ばざるを恥《は》ずればなり。

二三

先生がいわれた。

「つつましくしたら、失敗することは、めったにない」

子曰、以約失之者、鮮矣。

子《し》曰《いわ》く、
約《やく》を以《もっ》て之《これ》を失《うしな》う者《もの》は鮮《すくな》し。

二四 先生がいわれた。
「君子は、言葉は拙なくともすみやかに実行したいと願っている」

子曰、君子欲訥於言而敏於行。

子《し》曰《いわ》く、君子《くんし》は言《げん》に訥《とつ》にして行《おこな》いに敏《びん》ならんことを欲《ほっ》す。

二五 先生がいわれた。
「素敵な人柄の人は孤立しない。必ず仲間がいる」

子曰、徳不孤、必有鄰。

子《し》曰《いわ》く、徳《とく》孤《こ》ならず、必《かなら》ず鄰《りん》有《あ》り。

二六

子游《しゆう》がいった。

「主君に事《つか》えてしばしば諫めると辱《はずかし》められる。友達と交《まじ》わってしばしば忠告すると、うとんぜられる」

子游曰、事君数、斯辱矣。朋友数、斯疏矣。

子游《しゆう》曰《いわ》く、君《きみ》に事《つか》えて数《しばしば》すれば斯《こ》れ辱《はずか》しめらる。朋友《ほうゆう》に数《しばしば》すれば斯《こ》れ疏《うと》んぜらる。

公《こう》冶長《やちょう》第五

一　先生が公冶長《こうやちょう》のことを、「わたしの娘と結婚させてもよい。牢屋にいたが、彼の罪ではなかった」といわれて、ご自分のお嬢さんと結婚させた。先生が南容のことを、「国の政治に道が生かされている時は、必ずもちいられ、国に道が生かされていない時でも刑死を免れている」といわれて、ご自分のお兄さんのお嬢さんと結婚させた。

子《し》、公冶長《こうやちょう》を謂《い》う、「妻《めあ》わすべし、縲絏《るいせつ》の中《うち》に在《あ》りと雖《いえど》も、其《そ》の罪《つみ》にあらず」と。其《そ》の子《こ》を以《もっ》て之《これ》に妻《めあ》わす。子《し》、南容《なんよう》を謂《い》う、「邦《くに》に道《みち》あれば廃《す》てられず、邦《くに》に道《みち》なきも刑戮《けいりく》を免《まぬか》る」と。其《そ》の兄《あに》の子《こ》を以《もっ》て之《これ》に妻《めあ》わす。

子謂公冶長。可妻也。雖在縲絏之中、非其罪也。以其子妻之。子謂南容。邦有道不廢、邦無道免於刑戮。以其兄之子妻之。

二　先生が門人の子賤《しせん》のことを、こういわれた。
「君子だね、この人は。もしも魯《ろ》に君子がいなかったら、この人はどうして徳を身につけたろう」

子謂子賤。君子哉若人。魯無君子者、斯焉取斯。

子《し》、子賤《しせん》を謂《い》う。君子《くんし》なる哉《かな》　若《かくのごと》き人《ひと》。魯《ろ》に君《くん》子《し》なくば、斯《こ》れ焉《いずく》んぞ斯《これ》を取《と》らん。

三　子貢がたずねていった。
「わたくしはどうですか」

先生がいわれた。

「君は役に立つ器《うつわ》だ」

子貢「何の役に立つ器ですか」

先生「瑚璉《これん》（廟の祭りに使う貴重品）だ」


子貢問曰、賜也何如。子曰、女器也。曰、何器也。曰、瑚璉也。

子貢《しこう》問《と》うて曰《いわ》く、

「賜《し》は何如《いかん》」。

子曰《しいわ》く、

「女《なんじ》は器《き》なり」。

曰《いわ》く、「何《なん》の器《き》ぞや」。

曰《いわ》く、「瑚璉《これん》なり」。

四

ある人がたずねた。

「雍《よう》（孔子の門人）という人は、仁（心豊かな人物）ですが、口下手です」

先生はいわれた。

「口下手でいい。口先上手で人とつきあうのでは、えてして人から憎まれる。雍君が仁の人かどうかは知らないが、口上手などいらない」


或人曰《あるひといわ》く、「雍《よう》や仁《じん》にして佞《ねい》ならず」。子曰《しいわ》く、「焉《いずく》んぞ佞《ねい》を用《もち》いん。人《ひと》に禦《あた》るに口給《こうきゅう》を以《もっ》てし、屢《しばしば》人《ひと》に憎《にく》まる。其《そ》の仁《じん》を知《し》らず。焉《いずく》んぞ佞《ねい》を用《もち》いん」。

或曰、雍也仁而不佞。子曰、焉用佞。禦人以口給、屢憎於人。不知其仁。焉用佞。

五

先生が、漆雕開《しっちょうかい》（孔子の門人）を就職させようとした。漆雕開がこたえていった。

「わたしはまだ真理をすっかり信ずることはできません」

先生は漆雕開の心映えを嬉しく思われた。


子使漆雕開仕。対曰、吾斯之未能信。子説。


子《し》、漆雕開《しっちょうかい》をして仕《つか》えしむ。対《こた》えて曰《いわ》く、「吾《われ》斯《これ》を之《こ》れ未《いま》だ信《しん》ずる能《あた》わず」と。

子説《よろこ》ぶ。

六

先生がいわれた。

「道が行なわれなかったら、筏に乗って海外に雄飛しよう。わたしについて来るのは、由《ゆう》（子路）かな」

子路はそれを聞いて喜んだ。

先生がいわれた。

「由は、わたし以上に勇を好む男だが、適切に判断できない」

子曰《しいわ》く、

「道行《みちおこな》われず。桴《いかだ》に乗《の》りて海《うみ》に浮《うか》ばん。我《われ》に従《したが》う者《もの》は其《そ》れ由《ゆう》か」。

子路《しろ》、之《これ》を聞《き》きて喜《よろこ》ぶ。

子曰《しいわ》く、

「由《ゆう》や勇《ゆう》を好《この》むこと我《われ》に過《す》ぎたり。取《と》り材《はか》る所《ところ》なし」。


子曰、道不行。乗桴浮干海。従我者其由与。子路聞之喜。子曰、由也好勇過我。無所取材。

▼孔子と年令も近く真っすぐな性格の子路は孔子に期待されて喜んだけれども、勇気にはやるあまり思慮深くない所が指摘されている。

七

孟武伯《もうぶはく》がたずねた。

「子路《しろ》は仁の人ですか」

先生が答えた。「わからない」。

重ねてたずねた。

先生「由《ゆう》（子路）は、千乗《せんじょう》（戦車千台をもつ諸侯）の国で、その軍備をととのえさせることはできるが、彼が仁の人かどうかはわからない」

孟武伯「求《きゅう》（冉有）はどうですか」

先生「求は、千戸ほどの村や百乗（戦車を百台ほど出せる）の家で、その宰《さい》（首長）をやらせることはできるが、彼が仁かどうかはわからない」

孟武伯「赤《せき》（公西赤）はどうでしょう」

先生「赤は、正装して御殿に立てば、お客さまに挨拶はできるが、仁かどうかはわからない」

孟武伯問《もうぶはくと》う。「子路仁《しろじん》なるか」。

子曰《しいわ》く、「知《し》らず」。

又問《またと》う。子曰《しいわ》く、

「由《ゆう》や千乗《せんじょう》の国其《くにそ》の賦《ふ》を治《おさ》めしむべし。其《そ》の仁《じん》を知《し》らず」。

子曰《しいわ》く、

「求《きゅう》やいかん」。

子曰《しいわ》く、

「求《きゅう》や千室《せんしつ》の邑《ゆう》、百乗《ひゃくじょう》の家《いえ》、之《これ》が宰《さい》たらしむべし。其《そ》の仁《じん》を知《し》らず」。

子曰《しいわ》く、

「赤《せき》やいかん」。

子曰《しいわ》く、

「赤《せき》や束帯《そくたい》して朝《ちょう》に立《た》ち、賓客《ひんかく》と言《い》わしむべし。其《そ》の仁《じん》を知《し》らず」。

孟武伯問。子路仁乎。子曰、不知也。又問。子曰、由也、千乗之国、可使治其賦也。不知其仁也。求也何如。子曰、求也、千室之邑、百乗之家、可使為之宰也。不知其仁也。赤也何如。子曰、赤也束帯立於朝、可使与賓客言也。不知其仁也。

八

先生が子貢《しこう》に向かっていった。
「君と顔回《がんかい》とはどちらがすぐれているかね」
子貢「わたくしなどがどうして顔回さんのレベルを望みますか。顔回さんは一を聞けば十を理解しますが、わたくしは一を聞いてやっと二を理解するだけですから」
先生「及ばないね。わたしは君が顔回におよばないのを認める」

子《し》、子貢《しこう》に謂《い》つて曰《いわ》く、「女《なんじ》と回《かい》とは孰《いず》れか愈《まさ》れる」。対《こた》えて曰《いわ》く、「賜《し》や何《なん》ぞ敢《あ》えて回《かい》を望《のぞ》まん。回《かい》や一《いち》を聞《き》いて以《もっ》て十《じゅう》を知《し》る。賜《し》や一《いち》を聞《き》いて以《もっ》て二《に》を知《し》る」。子《し》曰《いわ》く、「如《し》かず。吾《われ》、女《なんじ》に如《し》かざるを与《ゆる》さん」。

子謂子貢曰、女与回也孰愈。対曰、賜也何敢望回。回也聞一以知十。賜也聞一以知二。子曰、弗如也。吾与女弗如也。

九

宰予《さいよ》が昼寝をした。先生がいわれた。

「腐った木には彫り物はできない。ごみ土の壁には鏝《こて》が使えない。宰予を責める気になれない」

先生はいわれた。

「これまでは、人をみるとき、その人の言葉を聞いたらその行ないまで信用した。これからは人をみるとき、言葉を聞いたらその行ないをみよう。宰予のことがあったので、改めたのだ」

宰予《さいよ》昼寝《ひるい》ぬ。子《し》曰《いわ》く、「朽木《きゅうぼく》は雕《ほ》る可《べ》からず。糞土《ふんど》の牆《しょう》は杇《ぬ》るべからず。予《よ》に於《お》いてか何《なん》ぞ誅《せ》めん」。子《し》曰《いわ》く、「始《はじ》め吾《われ》、人《ひと》に於《お》けるや、其《そ》の言《げん》を聴《き》いて其《そ》の行《おこな》いを信《しん》ぜり。今吾《いまわれ》、人《ひと》に於《お》けるや、其《そ》の言《げん》を聴《き》いて其《そ》の行《おこな》いを観《み》る。予《よ》に於《お》いてか是《これ》を改《あらた》む」。

宰予昼寝。子曰、朽木、不可雕也。糞土之牆、不可杇也。於予与何誅。子曰、始吾於人也、聴其言而信其行。今吾於人也。聴其言而観其行。於予与改是。

▼宰予の昼寝を志気怠惰と理解したと解釈する。あるいは、当時はまた昼寝の習慣はなかったのか。

一〇 先生がいわれた。

「わたしはまだ剛強な人に会ったことがない」

ある人が答えていった。

「申棖《しんとう》ならいかがですか」

先生「棖は強欲です。どうして剛といえますか」


子曰、吾未見剛者。或対曰、申棖。子曰、棖也慾、焉得剛。

子曰《しいわ》く、「吾《われ》未《いま》だ剛者《ごうしゃ》を見《み》ず」。或《ある》ひと対《こた》えて曰《いわ》く、「申棖《しんとう》」。子曰《しいわ》く、「棖《とう》や慾《よく》、焉《いずく》んぞ剛《ごう》を得《え》ん」。


一一 子貢がいった。

「わたくしが他人からしてもらいたくないことは、自分は他人にしないようにしたい」

先生がいわれた。

「賜《し》（子貢）君、君ができることではない」


子貢曰、我不欲人之加諸我也、吾亦欲無加諸人。子曰、賜也、非爾所及也。

子貢《しこう》曰《いわ》く、「我《われ》、人《ひと》の諸《これ》を我《われ》に加《くわ》うるを欲《ほっ》せざるや、吾《われ》も亦《ま》た諸《これ》を人《ひと》に加《くわ》うること無《な》きを欲《ほっ》す」。子曰《しいわ》く、「賜《し》や、爾《なんじ》の及《およ》ぶ所《ところ》に非《あら》ず」。

一二

子貢がいった。「先生が表現されたもの（文章）は、聞くことができました。しかし、性《せい》（人間の本性）と天道《てんどう》（自然界の法則）については、なかなか聞かせてもらえません」

子貢曰《しこういわ》く、夫子《ふうし》の文章《ぶんしょう》は得《え》て聞《き》くべし。夫子《ふうし》の性《せい》と天道《てんどう》とを言《い》うは得《え》て聞《き》くべからず。

子貢曰、夫子之文章、可得而聞也。夫子之言性与天道、不可得而聞也。

一三

子路は、聞いたことを実行できないうちは、新たに聞くことをひたすら恐れた。

子路《しろ》、聞《き》くことありて未《いま》だ之《これ》を行《おこな》うこと能《あた》わざれば、惟《ただ》聞《き》くことあるを恐《おそ》る。

子路有聞未之能行、惟恐有聞。

一四

子貢がたずねていった。

「孔文子《こうぶんし》（衛国の大夫、姓は孔、文子は死後につけられたおくり名）を、なぜ文というのですか」

先生が答えていわれた。

「さというえに学問を好み、下の者にたずねるのを恥と思わない。だから、文というのだ」

子貢《しこう》問《と》うて曰《いわ》く、

「孔文子《こうぶんし》は何《なに》を以《もっ》て之《これ》を文《ぶん》と謂《い》うや」。

子曰《しいわ》く、

「敏《びん》にして学《がく》を好《この》み、下問《かもん》を恥《は》じず、是《ここ》を以《もっ》て之《これ》を文《ぶん》と謂《い》うなり」。


子貢問曰、孔文子、何以謂之文也。子曰、敏而好学、不恥下問、是以謂之文也。

▼おくり名のつけ方（謚法《しほう》）としては、特に学問ある者に「文」の字をつける。

一五

先生が、子産《しさん》（鄭《てい》国の名宰相、公孫僑《こうそんきょう》のこと）のことをいわれた。

「君子の道を四つ実践しておられた。自分の行ないはうやうやしく、上につかえるにはつつしみ、人民を養うには恵みをかけ、人民をつかうには義に叶うことの四つです」

子謂子産。有君子之道四焉、其行己也恭、其事上也敬、其養民也恵、其使民也義。

子《し》、子産《しさん》を謂《い》う。
君子《くんし》の道《みち》四《し》あり、其《そ》の己《おのれ》を行《おこな》うや恭《きょう》、其《そ》の上《かみ》に事《つか》うるや敬《けい》、其《そ》の民《たみ》を養《やしな》うや恵《けい》、其《そ》の民《たみ》を使《つか》うや義《ぎ》。

一六

先生がいわれた。

「晏平仲《あんぺいちゅう》（斉国の大夫の晏嬰）は、人と交際するのが上手で、いつまでもその人を敬いました」

子曰、晏平仲、善与人交。久而敬之。

子《し》曰《いわ》く、
晏平仲《あんぺいちゅう》は善《よ》く人《ひと》と交《まじ》わり、
久《ひさ》しく之《これ》を敬《けい》す。

一七

先生がいわれた。
「臧文仲《ぞうぶんちゅう》は蔡《さい》（占いに用いる亀の甲）を持っていて、（それをおさめる部屋の）節（柱の斗《ます》拱《がた》）に山の形をきざみ、梲《せつ》（梁《はり》の上の短い柱）に水草を描いている。どうしてそれが智といえようか」

子《し》曰《いわ》く、
臧文仲《ぞうぶんちゅう》は蔡《さい》を居《お》き、節《せつ》に山《やま》し、梲《せつ》に藻《も》せり。如何《いかん》ぞ其《そ》れ知《ち》ならん。

子曰、臧文仲、居蔡、山節、藻梲。何如其知也。

▼人民のことを大事にしないで、鬼神にうかがいをたてる時に用いる亀甲をおさめておく部屋を、国君でもない臧文仲が装飾して、鬼神にこびへつらっているので、智者とはいえない、と非難している。

一八　子張がたずねていった。
「令尹《れいいん》（楚国の総理大臣）の子文《しぶん》は、三度官途について令尹になったが、嬉しそうではなかった。三度やめさせられたが、立腹した様子もなかった。前の令尹の政治は必ず新しい令尹に引き継いだ。いかがですか」

先生がいわれた。

「忠（誠実）だね」

子張「仁ですか」

先生「すっかりはわからないが、どうして仁といえようか」

子張「崔《さい》（斉の大夫）が斉の主君を弑《ころ》した時、陳文《ちんぶん》子《し》は馬を十乗（一乗は四頭）持っていたが、それを捨てて立ち去った。そして他の国に行ったが、そこではやっぱりうちの大夫の崔の

子張《しちょう》問《と》うて曰《いわ》く、「令尹子文《れいいんしぶん》は三《み》たび仕《つか》えて令《れい》尹《いん》となるも喜《よろこ》べる色《いろ》なく、三《み》たび之《これ》を已《や》めらるるも慍《いか》れる色《いろ》なし。旧令尹《きゅうれいいん》の政《まつりごと》は必《かなら》ず以《もっ》て新令尹《しんれいいん》に告《つ》げたり。如何《いかん》」。

子《し》曰《いわ》く、「忠《ちゅう》なり」。

曰《いわ》く、「仁《じん》なるか」。

曰《いわ》く、「未《いま》だ知《し》らず、焉《いずく》んぞ仁《じん》を得《え》ん」。

「崔子《さいし》、斉《せい》の君《きみ》を弑《しい》す。陳文《ちんぶん》子《し》は馬十乗《うまじゅうじょう》あれども棄《す》てて之《これ》を違《さ》る。他邦《たほう》に至《いた》りて則《すなわ》ち曰《いわ》く、『猶《な》お吾《わ》が大夫崔子《たいふさいし》の

ようだといって、立ち去った。ある国へ行っては、やっぱりうちの大夫の崔のようだといって、立ち去った。いかがでしょう」

先生「清《せい》（清廉《れん》）だね」

子張「仁ですか」

先生「すっかりはわからないが、どうして仁といえようか」

ごときか』と。之《これ》を違《さ》る。一《いっ》邦《ぼう》に之《ゆ》きて則《すなわ》ち又曰《またいわ》く、『猶《な》お吾《わ》が大夫崔子《たいふさいし》のごときか』と。之《これ》を違《さ》る。如何《いかん》」。

子曰《しいわ》く、「清《せい》なり」。

曰《いわ》く、「仁《じん》なるか」。

曰《いわ》く、「未《いま》だ知《し》らず。焉《いずく》んぞ仁《じん》を得《え》ん」。

子張問曰、令尹子文、三仕為令尹、無喜色、三已之、無慍色。旧令尹之政、必以告新令尹。何如。子曰。忠矣。曰、仁矣乎。曰、未知、焉得仁。崔子弑斉君。陳文子有馬十乗、棄而違之。至於他邦、則曰、猶吾大夫崔子也。違之。之一邦、則又曰、猶吾大夫崔子也。違之。何如。子曰、清矣。曰、仁矣乎。曰、未知。焉得仁。

一九

季文子《きぶんし》は、三度考えて、それから実行した。先生がこれを聞かれていわれた。
「二度で十分だ」

季文子《きぶんし》、三《み》たび思《おも》うて而《しか》る後《のち》に行《おこな》う。子《し》之《これ》を聞《き》いて曰《いわ》く、
「再《ふたた》びせば斯《こ》れ可《か》なり」。

季文子三思而後行。子聞之曰、再、斯可矣。

二〇

先生がいわれた。
「甯武子《ねいぶし》は、国の政治に道が生かされている時は智恵者だったが、国の政治に道が生かされていない時は、愚直だった。彼の智恵者ぶりは真似できるが、彼の愚直ぶりは真似できない」

子《し》曰《いわ》く、
「甯武子《ねいぶし》、邦《くに》に道《みち》あれば則《すなは》ち知《ち》。邦に道なければ即《すなは》ち愚《ぐ》。其《そ》の知《ち》は及《およ》ぶべし。其《そ》の愚《ぐ》は及《およ》ぶべからず」。

子曰、甯武子、邦有道則知。邦無道則愚。其知可及也。其愚不可及也。

二二

先生が陳の国でこういわれた。
「帰ろう、帰ろう。わが仲間の若い者は、やる気ばかり大きく理想が高すぎて、派手に織りあげるが、裁《た》ちかたを知らない」

子在陳曰、帰与帰与。吾党之少子、狂簡、斐然成章。不知所以裁之。

子《し》、陳《ちん》に在《あ》りて曰《いわ》く、帰《かえ》らんか、帰《かえ》らんか。吾《わ》が党《とう》の小子《しょうし》、狂簡《きょうかん》にして斐然《ひぜん》として章《しょう》を成《な》すも、之《これ》を裁《た》つ所以《ゆえん》を知《し》らず。

二三

先生がいわれた。
「伯夷《はくい》・叔斉《しゅくせい》は、旧悪を考えないから、人から怨まれることは少なかった」

子曰、伯夷叔斉、不念旧悪。怨是用希。

子《し》曰《いわ》く、
伯夷《はくい》・叔斉《しゅくせい》は旧悪《きゅうあく》を念《おも》わず。
怨《うら》み是《ここ》を用《もっ》て希《まれ》なり。

▼悪いことをした人もそれを改めたら、もうその人のむかしの悪事をとりあげないから、怨まれることが少なかったと解釈する。

二三

先生がいわれた。「微生高《びせいこう》を正直者だと、誰がいったのだ。ある人が酢をもらいに行ったら、隣の家からもらって、その人に与えたというのに」

子曰、孰謂微生高直。或乞醯焉。乞諸其鄰而与之。

子曰《いわ》く、孰《た》れか微生高《びせいこう》を直《ちょく》と謂《い》う。或《ある》人《ひと》醯《す》を乞《こ》う。諸《これ》を其《そ》の鄰《となり》に乞《こ》うて之《これ》に与《あた》う。

二四

先生がいわれた。「言葉たくみに顔つきやわらげ、あまりにうやうやしいのは、左丘明《さきゆうめい》も恥とした。わたしも恥とする。怨みを隠してその人と友だちになるのは、左丘明も恥とした。わたしも恥とする」

子曰《いわ》く、巧言令色足恭《こうげんれいしょくすうきょう》は、左丘明之《さきゆうめいこれ》を恥《は》ず。丘《きゅう》も亦《ま》た之《これ》を恥《は》ず。怨《うら》みを匿《かく》して其《そ》の人《ひと》を友《とも》とするは、左丘明之《さきゆうめいこれ》を恥《は》ず。丘《きゅう》も亦《ま》た之《これ》を恥《は》ず。

子曰、巧言令色足恭、左丘明恥之。丘亦恥之。匿怨而友其人、左丘明恥之。丘亦恥之。

二五　顔淵《がんえん》と季路《きろ》（子路）がおそばにいた。

先生がいわれた。

「各自、自分の理想をいいなさい」

子路「馬車を駆り、軽い毛皮を着るのも、友だちと一緒で、やぶれても、うらまないようにしたいものです」

顔淵「よいことをしても人に誇らず、苦労したことを皆に吹聴したりしないようにしたいものです」

子路「先生の理想をお聞かせください」

先生「年寄りから安心され、友だちからは信頼され、若者からはなつかれることである」

顔淵《がんえん》・季路《きろ》侍《じ》す。

子曰《しいわ》く、「盍《なん》ぞ各《おのおの》爾《なんじ》の志《こころざし》を言《い》わざる」。

子路曰《しろいわ》く、「願《ねが》わくは、車馬《しゃば》衣軽裘《いけいきゅう》を、朋友《ほうゆう》と共《とも》にし、之《これ》を敝《やぶ》るも憾《うら》みなけん」。

顔淵曰《がんえんいわ》く、「願《ねが》わくは善《ぜん》に伐《ほこ》るなく、労《ろう》を施《ほこ》ることなけん」。

子路曰《しろいわ》く、「願《ねが》わくは子《し》の志《こころざし》を聞《き》かん」。

子曰《しいわ》く、「老者《ろうしゃ》は之《これ》を安《やす》んじ、朋友《ほうゆう》は之《これ》を信《しん》じ、少者《しょうしゃ》は之《これ》を懐《なつ》けん」。

顔淵季路侍。子曰、盍各言爾志。子路曰、願車馬衣軽裘、与朋友共、敝之而無憾。顔淵曰、願無伐善。無施労。子路曰、願聞子之志。子曰、老者安之、朋友信之、小者懐之。

二六

先生が嘆息された。

「おてあげだ。自分の過ちを見て、自分を責める人を見たことがない」

子曰、已矣乎、吾未見能見其過而内自訟者也。

子曰《しいわ》く、已《や》んぬるかな。吾《われ》未《いま》だ能《よ》く其《そ》の過《あやま》ちを見《み》て内《うち》に自《みずか》ら訟《せ》むる者《もの》を見《み》ず。

二七

先生がいわれた。「十軒ほどの村落でも、わたしほどに忠信な人は必ずいるだろうが、わたしほどに学問を好む人はいまい」

子曰《しいわ》く、十室《じっしつ》の邑《ゆう》、必《かなら》ず忠信《ちゅうしん》丘《きゅう》の如《ごと》き者《もの》あらん。丘《きゅう》の学《がく》を好《この》むに如《し》かざるなり。

子曰、十室之邑、必有忠信如丘者焉。不如丘之好学也。

雍也《ようや》第六

一　先生がいわれた。
「雍《よう》（仲弓《ちゅうきゅう》）は、南向きに座らせてもよい
（雍は君主になれるほどの人物だ）」
仲弓「子桑伯子《しそうはくし》（魯の人）はいかがですか」
先生「まあよかろう、シンプルなところが」
仲弓「つつしみ深くしてシンプルにふるまい、その人民にのぞむのは、なんと結構なことではないですか。シンプルにかまえて、シンプルなままにふるまうようではあまりにも、シンプル過ぎはしませんか」
先生「雍のいうとおりだ」

子曰《しいわ》く、

「雍《よう》や南面《なんめん》せしむべし」。

仲弓《ちゅうきゅう》、子桑伯子《しそうはくし》を問《と》う。

子曰《しいわ》く、「可《か》なり簡《かん》なり」。

仲弓曰《ちゅうきゅういわ》く、

「敬《けい》に居《い》て簡《かん》を行《おこな》い、以《もっ》て其《そ》の民《たみ》に臨《のぞ》む。亦《ま》た可《か》ならずや。簡《かん》に居《い》て簡《かん》を行《おこな》わば、乃《すなわ》ち大《たい》簡《かん》なるなからんか」。

子曰《しいわ》く、「雍《よう》の言然《げんしか》り」。

子曰、雍也可使南面。仲弓問子桑伯子。子曰、可也簡。仲弓曰、居敬而行簡、以臨其民。不亦可乎。居簡而行簡、無乃大簡乎。子曰、雍之言然。

二

哀公《あいこう》がたずねた。

「弟子のうちで、誰が学問好きですか」

孔子が答えていわれた。

「顔回《がんかい》という者がいます。学問が好きで、人にやつあたりせず、過ちをくり返しませんでした。不幸にも若くして死んでしまい、今はすでにおりません。（顔回ほどに）学問が好きな者は聞いたことがありません」

哀公問《あいこうと》う、

「弟子《ていし》孰《たれ》か学《がく》を好《この》むとなす」。

孔子《こうし》対《こた》えて曰《いわ》く、

「顔回《がんかい》という者《もの》あり。学《がく》を好《この》む。怒《いか》りを遷《うつ》さず。過《あやま》ちを弐《ふた》たびせず。不幸短命《ふこうたんめい》にして死《し》す。今《いま》や則《すなわ》ち亡《な》し。未《いま》だ学《がく》を好《この》む者《もの》を聞《き》かず」。

哀公問、弟子孰為好学。孔子対曰、有顔回者。好学。不遷怒。不弐過。不幸短命死矣。今也則亡。未聞好学者也。

三

子華《しか》（公西赤《こうせいせき》）が、斉《せい》に使いした。冉子《ぜんし》が彼の母のために粟《ぞく》を願い出た。先生がいわれた。

「釜《ふ》（六斗四升）だけおあげなさい」

冉子は、もっと多くをお願いした。

先生「では、庾《ゆ》（十六斗）だけおあげなさい」

冉子は、粟を五秉《へい》（秉は一庾の十倍）もやった。

先生「公西赤が斉に行った時には、こえた馬に乗り、軽い毛皮を着ていた。わたしの聞いているところでは、『君子は困っている者には、施しをするが、富める者を豊かにするようなことはしない』そうだ」

原思《げんし》（孔子の門人）は、（孔子が魯の司法長官になった時）、宰《さい》（首長）に任命された。孔子が、粟《ぞく》九百を与えようとしたところ、辞退した。

子華《しか》、斉《せい》に使《つか》いす。冉子《ぜんし》、其《そ》の母《はは》の為《ため》に粟《ぞく》を請《こ》う。子曰《しいわ》く、「之《これ》に釜《ふ》を与《あた》えよ」。益《えき》を請《こ》う。曰《いわ》く、「之《これ》に庾《ゆ》を与《あた》えよ」。冉子《ぜんし》、之《これ》に粟五秉《ぞくごへい》を与《あた》う。子曰《しいわ》く、「赤《せき》の斉《せい》に適《ゆ》くや、肥馬《ひば》に乗《の》り、軽裘《けいきゅう》を衣《き》たり。吾之《われこれ》を聞《き》く、『君子《くんし》は急《きゅう》を周《すく》いて富《とみ》を継《つ》がず』と」。

原思《げんし》、之《これ》が宰《さい》となる。之《これ》に粟《ぞく》九百《きゅうひゃく》を与《あた》う。辞《じ》す。子曰《しいわ》く、「毋《なか》れ、以《もっ》て爾《なんじ》が隣里郷党《りんりきょうとう》に

先生「辞退するな、近郷近在の人たちにあげなさい」

与《あた》えんか」。

子華使於斉。冉子為其母請粟。子曰、与之釜。請益。曰、与之庾。冉子与之粟五秉。子曰、赤之適斉也、乗肥馬、衣軽裘。吾聞之也、君子周急、不継富。原思為之宰、与之粟九百。辞。子曰、毋。以与爾隣里郷党乎。

四

先生は仲弓《ちゅうきゅう》を、まだら牛の子にたとえていわれた。

「たとえまだら模様の牛の子でも、色が真っ赤でみごとな角なら、生けにえに使うまいと思っても、山や川の神々がどうして捨てておこうか」

子《し》、仲弓《ちゅうきゅう》を謂《い》いて曰《いわ》く、「犂牛《りぎゅう》の子《こ》、騂《あか》く且《か》つ角《つの》あらば、用《もち》うること勿《なか》らんと欲《ほっ》すと雖《いえど》も、山川《さんせん》其《そ》れ諸《これ》を舎《す》てんや」。

子、謂仲弓曰、犂牛之子、騂且角、雖欲勿用、山川其舎諸。

五

先生がいわれた。

「顔回は、心が三カ月もの長きにわたり仁からはずれなかった。しかし、顔回以外の者は、日に一度か月に一度、仁からはずれないだけだ」

子曰、回也其心三月不違仁。其餘則日月至焉而已矣。

子《し》曰《いわ》く、

回《かい》や其《そ》の心《こころ》三月《さんげつ》仁《じん》に違《たが》わず。其《そ》の餘《よ》は則《すなわ》ち日《ひ》に月《つき》に至《いた》るのみ。

六

季康子《きこうし》がたずねた。
「仲由《ちゅうゆう》（子路）は、政治をとらすことができますか」
先生「由は決断力があるので、政治をとるぐらい何でもない」
季康子「賜《し》（子貢）は、政治をとらすことができますか」
先生「彼は、理解力が秀でているので、政治をとることぐらい何でもない」
季康子「求（冉求《ぜんきゅう》）は、政治をとらすことができますか」
先生「彼は、才能豊かな人だから、政治をとることぐらい何でもない」

季康子《きこうし》問《と》う、「仲由《ちゅうゆう》は政《まつりごと》に従《したが》わしむべきか」。子曰《しいわ》く、「由《ゆう》や果《か》。政に従うに於《お》いて何《なに》かあらん」。曰く、「賜《し》や政に従わしむべきか」。曰く、「賜《し》や達《たつ》。政に従うに於《お》いて何《なに》かあらん」。曰く、「求《きゅう》や政に従わしむべきか」。曰く、「求《きゅう》や芸《げい》。政に従うに於《お》いて何かあらん」。

季康子問、仲由可使従政也与。子曰、由也果。於従政乎何有。曰、賜也可使従政也与。曰、賜也達。於従政乎何有。曰、求也可使従政也与。曰、求也芸。於従政乎何有。

七

季氏は、閔子騫《びんしけん》(孔子の門人)を、費の町の宰《さい》(首長)にしようとした。

閔子騫は、その使いの者にこう答えた。

「わたくしに代わって、ちゃんとお断わりしてくれ。もう一度わたくしに伝える人がいたら、わたくしは、汶水《ぶんすい》のほとりにいる(亡命することになろう)」

季子《きし》、閔子騫《びんしけん》をして費《ひ》の宰《さい》たらしむ。

閔子騫曰《びんしけんいわ》く、

「善《よ》く我《わ》が為《ため》に辞《じ》せよ。如《も》し我《われ》に復《ふた》びする者《もの》あらば、則《すなわ》ち吾《われ》は汶《ぶん》の上《ほとり》にあらん」。

季氏使閔子騫為費宰。閔子騫曰、善為我辞焉。如有復我者、則吾必在汶上矣。

八

伯牛《はくぎゅう》（孔子の門人）が、病気（癩病）にかかった。先生はお見舞いに行かれ、窓から、彼の手をとっていわれた。

「あってはいけないことなのに、（この病気になってしまったのは）これも天命だ。彼がこの病気にかかるなんて、彼がこの病気にかかるなんて」

伯牛《はくぎゅう》疾《やまい》あり。子《し》之《これ》を問《と》う。牖《まど》より其《そ》の手《て》を執《と》りて曰《いわ》く、「之《これ》亡《な》けん。命《めい》なるかな。斯《こ》の人《ひと》にして斯《こ》の疾《やまい》あること。斯の人にして斯の疾あること」。

伯牛有疾。子問之。自牖執其手曰、亡之。命矣夫。斯人也、而有斯疾也。斯人也、而斯有斯疾也。

九

先生がいわれた。
「賢いね、顔回《がんかい》は。竹わりごに飯一盛り、瓢簞《ひょうたん》のお椀《わん》に水一杯。うら街に住んで、他の人なら辛さに堪えられないのに、顔回は楽しみを変えない。賢いね、顔回は」

子曰《しいわ》く、賢《けん》なるかな回《かい》や。一簞《いったん》の食《し》、一瓢《いっぴょう》の飲《いん》、陋巷《ろうこう》に在《あ》り。人《ひと》は其《そ》の憂《うれ》いに堪《た》えず。回や其《そ》の楽《たの》しみを改《あらた》めず。賢なるかな回や。

子曰、賢哉回也。一簞食、一瓢飲、在陋巷。人不堪其憂。回也不改其楽。賢哉回也。

一〇

冉求《ぜんきゅう》がいった。

「先生の説かれる道を喜ばないのではありません。わたしに実践する力が足りないのです」

先生がいわれた。

「力が足りない者は、中途で放棄してしまうものだ。いま君は、自分で自分を見限ってしまったことになるのだよ」

冉求《ぜんきゅう》曰《いわ》く、

「子《し》の道《みち》を説《よろこ》ばざるにあらず。力《ちから》足《た》らざるなり」。

子《し》曰《いわ》く、

「力《ちから》足《た》らざる者《もの》は中道《ちゅうどう》にして廃《はい》す、今女《いまなんじ》は画《かぎ》れり」。


冉求曰、非不説子之道。力不足也。子曰、力不足者、中道而廢。今女画。

一一

先生が子夏《しか》にいわれた。

「君は君子としての学者になれ。小人《しょうじん》としての学者にはなるな」

子《し》、子夏《しか》に謂《い》いて曰《いわ》く、

「女《なんじ》、君子《くんし》の儒《じゅ》となれ、小人《しょうじん》の儒《じゅ》となるなかれ」。


子謂子夏曰、女為君子儒、無為小人儒。

一二

子游《しゆう》が武城（魯の小さい町）の宰《さい》になった。

先生がいわれた。

「君は人材を見つけたかね」

子游がこたえた。

「澹台滅明《たんだいめつめい》という男がおります。歩くにも近道を通りませんし、公務でないとわたくしの部屋まで来たことがありません」


子游《しゆう》、武城《ぶじよう》の宰《さい》となる。

子《し》曰《いわ》く、

「女《なんじ》、人《ひと》を得《え》たるか」。

曰《いわ》く、「澹台滅明《たんだいめつめい》という者《もの》あり。行《ゆ》くに径《こみち》に由《よ》らず。公事《こうじ》に非《あら》ざれば未《いま》だ嘗《かつ》て偃《えん》の室《しつ》に至《いた》らざるなり」。


子游為武城宰。子曰、女得人焉爾乎。曰、有澹台滅明者。行不由径、非公事、未嘗至於偃之室也。

▼宰――北方行政区の長官、首長。ここでいう「公事」の具体的内容は特定しがたいが、朱子は「飲射読法の類」という。

一三

先生がいわれた。

「孟之反《もうしはん》（魯《ろ》国の大夫《たいふ》）は手柄自慢をしない。負け戦さになって殿《しんがり》をつとめても、いざ城門に入る時に、自分の馬に一鞭あてて『後になろうとしたのではない。馬が走らなかったのだ』といって、手柄顔をしなかった」

子曰《しいわ》く、「孟之反伐《もうしはんほこ》らず、奔《はし》りて殿《でん》す。将《まさ》に門《もん》に入《い》らとんす。其《そ》の馬《うま》に策《むち》うちて曰《いわ》く、『敢《あ》えて後《おく》れたるにあらず。馬進《うますす》まざるなり』と」。

子曰、孟之反不伐、奔而殿。将入門。策其馬曰、非敢後也。馬不進也。

一四

先生がいわれた。

「祝《しゅく》（宗廟の祭をつかさどる官）の鮀《だ》みたいに口上手の上に、宋の朝《ちょう》（宋国の公子）みたいに美貌でないと、むずかしいことだ、今の世で患いから逃れることは」

子曰、不有祝鮀之佞而有宋朝之美、難乎、免於今之世矣。

子曰《しいわ》く、祝鮀《しゅくだ》の佞《ねい》ありて而《しか》して宋朝《そうちょう》の美《び》あらずんば、難《かた》いかな、今《いま》の世《よ》に免《まぬか》れんこと。

一五

先生がいわれた。

「誰だって家の外に出て行く時には、戸口を通らない者はいないのに、どうしてこの道を通る者がいないのだ」

子曰、誰能出不由戸。何莫由斯道也。

子曰《しいわ》く、誰《だれ》が能《よ》く出《い》ずるに戸《こ》に由《よ》らざらん。何《なん》ぞ斯《こ》の道《みち》に由《よ》ること莫《な》き。

一六　先生がいわれた。
「実質《なかみ》が文飾《かざり》に勝てば、粗野な人間だ。文飾が実質に勝てば、ただの物知りだ。文と質との調和がとれたら、それでこそ君子だ」

子曰、質勝文則野。文勝質則史。文質彬彬、然後君子。

子《し》曰《いわ》く、
質《しつ》、文《ぶん》に勝《か》てば則《すなわ》ち野《や》。文《ぶん》、質《しつ》に勝《か》てば則《すなわ》ち史《し》。文質彬彬《ぶんしつひんぴん》として然《しか》る後《のち》に君子《くんし》なり。

一七　先生がいわれた。
「人が生きていくには、素直であること。それをゆがめてまで生きているのは、まぐれで死から逃れただけだ」

子曰、人之生也直。罔之生也幸而免。

子《し》曰《いわ》く、
人《ひと》の生《い》くるや直《ちょく》なり。之《これ》を罔《な》みして生《い》くるや幸《さいわ》いにして免《まぬか》るるなり。

一八

先生がいわれた。

「理解するだけの人は、好きだという人には及ばない。好きなだけの人は、楽しんでいる人には及ばない」

子曰、知之者不如好之者。好之者不如楽之者。

子《し》曰《いわ》く、之《これ》を知《し》る者《もの》は之《これ》を好《この》む者《もの》に如《し》かず。之《これ》を好《この》む者《もの》は之《これ》を楽《たの》しむ者《もの》に如《し》かず。

一九

先生がいわれた。

「中級以上の人には高遠なことも話せるが、中級以下の人には高遠なことは話せない」

子曰、中人以上、可以語上也。中人以下、不可以語上也。

子《し》曰《いわ》く、中人《ちゅうじん》以上《いじょう》には以《もっ》て上《じょう》を語《つ》ぐべし。中人《ちゅうじん》以下《いか》には以《もっ》て上《じょう》を語《つ》ぐべからず。

二〇

樊遅《はんち》が知のことをたずねた。

先生がいわれた。

「人としての義に励み、鬼神《きしん》を崇敬し馴れ馴れしくしない。これでこそ知といえる」

仁のことをたずねた。

先生がいわれた。

「仁の人は困難なことを先にすませ、利益のことは後まわし。これでこそ仁といえる」

樊遅《はんち》、知《ち》を問《と》う。

子曰《しいわ》く、「民《たみ》の義《ぎ》を務《つと》め、鬼神《きしん》を敬《けい》して之《これ》に遠《とお》ざかる。知《ち》と謂《い》うべし」。

仁《じん》を問《と》う。

曰《いわ》く、

「仁者《じんしゃ》は難《かた》きを先《さき》にして獲《う》るを後《のち》にす。仁《じん》と謂《い》うべし」。

樊遅問知。子曰、務民之義、敬鬼神而遠之。可謂知矣。問仁。曰、仁者先難而後獲。可謂仁矣。

二一

先生がいわれた。
「智の人は水を楽しみ、仁の人は山を楽しむ。智の人は活動的で、仁の人はもの静かである。それで、智の人は人生を楽しみ、仁の人は長生きをする」

子曰、知者楽水、仁者楽山。知者動、仁者静。知者楽、仁者寿。

子曰《しいわ》く、知者《ちしゃ》は水《みず》を楽《この》み、仁者《じんしゃ》は山《やま》を楽《この》む。知者《ちしゃ》は動《うご》き、仁者《じんしゃ》は静《しず》かなり。知者《ちしゃ》は楽《たの》しみ、仁者《じんしゃ》は寿《いのちなが》し。

二二

先生がいわれた。
「斉《せい》の国が一変したら、魯《ろ》の国のようになる。魯の国が一変したら、王道に行きつく」

子曰、斉一変至於魯。魯一変至於道。

子曰《しいわ》く、斉一変《せいいっぺん》せば魯《ろ》に至《いた》らん。魯一《ろいっ》変《ぺん》せば道《みち》に至《いた》らん。

二三

子《し》曰《いわ》く、
觚《こ》、觚《こ》ならず。觚《こ》ならんや觚《こ》ならんや。

先生がいわれた。
「觚《こ》（盃など角のある器）が（形が変わって）觚でなくなっている。（角がなくなったら、）これでも觚だろうか、觚だろうか」

子曰、觚不觚。觚哉觚哉。

▼本来、かどのある酒器を觚《こ》という。かどがない酒器はもはや觚とはいえない。それにことよせて、孔子が当時の政治社会が有名無実に陥っていることを慨嘆したのだという。短い語録なので、この言葉がいかなる状況で発せられたのかは不明であるし、本当は、どういう意味の言葉として門人が記録したのかは、もはやわからない。ただし、文気からして嘆きの言葉であることは確かである。

二四

宰《さい》我《が》がたずねていった。

「仁の人とは、『井戸の中に人がいます』と聞かされた場合でも、飛び込んで助けますか」

先生がいわれた。

「どうしてそうなる。君子は助けにいかせることはできるが、井戸に落すことはできない。だますことはできても、くらますことはできない」

宰《さい》我《が》問《と》うて曰《いわ》く、「仁《じん》者《しゃ》は之《これ》に告《つ》げて井《せい》に仁《ひと》ありと曰《い》うと雖《いえど》も、其《そ》れ之《これ》に従《したが》わんか」。子《し》曰《いわ》く、「何為《なんすれ》ぞ其《そ》れ然《しか》らん。君《くん》子《し》は逝《ゆ》かしむべきも、陥《おとしい》るべからず。欺《あざむ》くべきも罔《し》うべからず」。

宰我問曰、仁者雖告之曰井有仁焉、其従之也。子曰、何為其然也。君子可逝也、不可陥也。不可罔也。

▼井戸のそばまで行かせて救助活動をさせることはできるが、井戸にとびこんでしまったら井戸の中の人を助けることはできないから、「とびこめ」といって君子をくらますことはできない。

二五

先生がいわれた。

「君子がひろく文（書物）を学び、礼によって行ないを引き締めたら、まあ、道からはずれたりはしない」


子曰、君子博学於文、約之以礼、亦可以弗畔矣夫。

子《し》曰《いわ》く、君子《くんし》博《ひろ》く文《ぶん》を学《まな》びて、之《これ》を約《やく》するに礼《れい》を以《もっ》てせば、亦《ま》た以《もっ》て畔《そむ》かざるべきか。

二六

先生が南子《なんし》（衛の霊公の夫人）に会われた。

子路《しろ》は喜ばなかった。

先生は誓いをされて、

「わたしが間違ったことをしたら、天よ、わたしを見はなしたまえ」。


子見南子。子路不説。夫子矢之曰、予所否者、天厭之。天厭之。


子《し》、南子《なんし》に見《まみ》ゆ。子路《しろ》説《よろこ》ばず。夫子《ふうし》、之《これ》に矢《ちか》いて曰《いわ》く、

「予《わ》がすまじき所《ところ》の者《もの》あらば、天之《てんこれ》を厭《た》たん。天之《てんこれ》を厭《た》たん」。

二七

先生がいわれた。
「中庸という徳は、至高のものだ。人民が中庸の徳を失ってから久しい」

子《し》曰《いわ》く、中庸《ちゅうよう》の徳《とく》たる、其《そ》れ至《いた》れるかな。民《たみ》鮮《すく》なきこと久《ひさ》し。

子曰、中庸之為徳也、其至矣乎、民鮮久矣。

▼中庸――バランスのとれた道義の感覚。このことを主題にしたのが『中庸』である。もともとは日常的な倫理観であるが、朱子は、「中とは過ぎる無く及ばざる無きの名なり。庸とは平常なり」と定義する。また朱子の先輩である程子の言葉を引用しながら「偏《かたよ》らざるをこれ中と謂い、易《かわ》らざるをこれ庸と謂う。中とは天下の正道、庸とは天下の定理」という。この定義が朱子以後には定着する。

二八

子貢《しこう》がたずねた。

「人民にひろく施しをして、大勢の人をちゃんと救えたら、仁といえますか」

先生がいわれた。

「仁どころではない。それはきっと聖《せい》だ。堯《ぎょう》舜《しゅん》でさえも、人民を救うことで悩んでおられた。仁の人は、自分が自立したいと思ったら、他人を自立させてやり、自分が到達したいと思ったら、他人を到達させてやる。ちゃんとわが身に引きつけて考えられたら、仁のありかたといえる」

子貢曰《しこういわ》く、「如《も》し博《ひろ》く民《たみ》に施《ほどこ》して能《よ》く衆《しゅう》を済《すく》うことあらば如何《いかん》。仁《じん》と謂《い》うべきか」。

子曰《しいわ》く、「何《なん》ぞ仁《じん》に事《とど》まらん。必《かなら》ずや聖《せい》か。堯舜《ぎょうしゅん》も其《そ》れ猶《な》おこれを病《や》めり。それ仁者《じんしゃ》は己《おのれ》立《た》たんと欲《ほっ》して人《ひと》を立《た》て、己《おのれ》達《たっ》せんと欲《ほっ》して人《ひと》を達《たっ》す。能《よ》く近《ちか》く譬《たとえ》を取《と》るを、仁《じん》の方《ほう》と謂《い》うべきのみ」。

子貢曰、如有博施於民、而能済衆、何如、可謂仁乎。子曰、何事於仁。必也聖乎。堯舜其猶病諸。夫仁者、己欲立而立人、己欲達而達人。能近取譬、可謂仁之方也已。

述而第七《じゅつじ》

一

先生がいわれた。
「わたしは、（先王の教えを）述べはするが、みずから教えを創作することはしない。昔のことを信じてそれを好むという点は、あの彭《ほう》さんにあやかりたい」

子曰、述而不作、信而好古。竊比於我老彭。

子曰《しいわ》く、述《の》べて作《つく》らず、信《しん》じて古《いにしえ》を好《この》む。竊《ひそ》かに我《わ》が老彭《ろうほう》に比《ひ》す。

二

先生がいわれた。
「黙っているが覚えておき、学んでは飽きることがなく、人に教えては疲れを知らない。それがわたしに備わっているだろうか」

子《し》曰《いわ》く、黙《もく》して之《これ》を識《しる》し、学《まな》んで厭《あ》かず、人《ひと》に誨《おし》えて倦《う》まず、何《なん》ぞ我《われ》に有《あ》らんや。

子曰、黙而識之、学而不厭、誨人不倦、何有於我哉。

三

先生がいわれた。
「徳はおさめず、学問はきわめず、義のことを聞いてもついていけず、よくないことも改められない。以上のことが、わたしには気がかりだ」

子《し》曰《いわ》く、徳《とく》の修《おさ》まらざる、学《がく》の講《こう》ぜざる、義《ぎ》を聞《き》いて徙《うつ》る能《あた》わざる、不善《ふぜん》改《あらた》むる能《あた》わざる、是《これ》吾《わ》が憂《うれ》いなり。

子曰、徳之不修、学之不講、聞義不能徙、不善不能改、是吾憂也。

四

先生はお暇な時には、のびのびしておられ、楽しげにしておられた。

子之燕居、申申如也。夭夭如也。

子《し》の燕居《えんきょ》、申申如《しんしんじょ》たり。夭夭《ようよう》如《じょ》たり。

五

先生がいわれた。「すっかりわたしは衰えてしまった。長いことわたしは、周公《しゅうこう》を夢に見ていない」

子曰、甚矣吾衰也。久矣吾不復夢見周公。

子《し》曰《いわ》く、甚《はなは》だしいかな、吾《わ》が衰《おとろ》えたるや。久《ひさ》しいかな、吾《われ》復《ま》たは夢《ゆめ》に周公《しゅうこう》を見《み》ざるや。

▼周公とは、姓は姫《き》、名は旦。周王朝を創建した武王の弟。魯国の始祖。周の文化の開拓者であり、孔子が理想とした人物。

六

先生がいわれた。

「道にこころざし、徳にまかせ仁にたより、芸に遊ぶのさ」

子曰、志於道、拠於徳、依於仁、游於芸。

子曰《しいわ》く、

道《みち》に志《こころざ》し、徳《とく》に拠《よ》り、仁《じん》に依《よ》り、芸《げい》に遊《あそ》ぶ。

七

先生がいわれた。

「束脩《そくしゅう》（乾し肉十本を束ねたもの）を提出して学びに来たら、わたしはその人たち全員に教えた」

子曰、自行束脩以上、吾未嘗無誨焉。

子曰《しいわ》く、束脩《そくしゅう》を行《おこな》うより以《い》上《じょう》は、吾《われ》未《いま》だ嘗《かつ》て誨《おし》うることなくんばあらず。

▼束脩——教えを請うて入門するときに、最初に手みやげをおさめる。入門するものが、学ぼうとする誠意をあらわすものとして束脩を提出するとは、礼を尽くしたことだから、それにこたえて誰にでも教えるのが師の礼ということになる。

八

先生がいわれた。
「わかりたいとあせっている人でないと、理解の糸口を開いてはやらない。言葉を捜して口ごもっている人でなければ、発言の糸口をみつけてやらない。一つの隅をとりあげると、三つの隅まで言い返す人でなければ、二度と教えてやらない」

子曰、不憤不啓。不悱不発。挙一隅、不以三隅反、則不復也。

子《し》曰《いわ》く、憤《ふん》せずんば啓《けい》せず。悱《ひ》せずんば発《はっ》せず。一偶《いちぐう》を挙《あ》ぐるに、三偶《さんぐう》を以《もっ》て反《はん》せずんば、則《すなわ》ち復《ふたた》びせず。

九

先生は、身内に死者があった人のそばで食事をされる時、十分にめしあがらなかった。先生は、葬儀の日に泣かれると、歌われなかった。

子食於有喪者之側、未嘗飽也。子於是日哭、則不歌。

子《し》、喪《も》ある者《もの》の側《かたわ》らに食《しょく》すれば、未《いま》だ嘗《かつ》て飽《あ》かず。子《し》、是《こ》の日《ひ》に於《おい》て哭《こく》すれば則《すなわ》ち歌《うた》わず。

一〇　先生が顔淵《がんえん》にいわれた。
「登用されたら行ない、捨てられたら引きこもる。これができるのは、わたしと君だけだね」
子路がたずねた。「先生が三軍をお進めになるとしたら、誰と一緒にしますか」
先生「虎を素手で打ち、河を裸足で渡ったりして、死んでも後悔しないような男とは、わたしは一緒にしない。実施するにあたってはおそれつつしみ、計画をよく練ってから仕上げる人とするね」

子《し》、顔淵《がんえん》に謂《い》いて曰《いわ》く、「之《これ》を用《もち》うれば則《すなわ》ち行《おこな》い、之《これ》を舍《す》つれば則《すなわ》ち蔵《かく》る。惟我《ただわれ》と爾《なんじ》と是《これ》あるか」。子路《しろ》曰《いわ》く、「子《し》三軍《さんぐん》を行《や》らば則《すなわ》ち誰《たれ》と与《とも》にする」。子《し》曰《いわ》く、「暴虎《ぼうこ》馮河《ひょうが》、死《し》して悔《くい》なき者《もの》は、吾与《われとも》にせざるなり。必《かなら》ずや事《こと》に臨《のぞ》んで懼《おそ》れ、謀《はかりごと》を好《この》んで成《な》す者《もの》なり」。

子謂顔淵曰、用之則行、舎之則蔵。惟我与爾有是夫。子路曰、子行三軍則誰与。子曰、暴虎馮河、死而無悔者、吾不与也。必也臨事而懼、好謀而成者也。

▼顔回と子路の人柄のちがいをみごとに表現した語録である。

一一

先生がいわれた。
「富が、求めて得られるのなら、たとえ鞭をとるような卑しい役柄だって、わたしはなろう。もし、求めても得られないなら、自分の好きなようにしよう」

子《し》曰《いわ》く、富《とみ》にして求《もと》むべくんば、執鞭《しっぺん》の士《し》と雖《いえど》も吾《われ》も亦《ま》た之《これ》を為《な》さん。如《も》し求《もと》むべからずんば、吾《わ》が好《この》む所《ところ》に従《したが》わん。

子曰、富而可求也、雖執鞭之士、吾亦為之。如不可求、従吾所好。

一二

先生がつつしまれたことは、潔斎《ものいみ》と戦争と病気とであった。

子《し》の慎《つつし》む所《ところ》は斉《さい》・戦《せん》・疾《しつ》。

子之所慎斉・戦・疾。

▼斉――祭のときには、思慮・身体を斉《とと》のえてから神明に交わるという。

一三

先生は斉《せい》の国で韶《しょう》（舜の音楽）を聞かれて、三カ月間も肉の味を感じなかった。

先生がいわれた。

「考えもしなかった。音楽がこれほどまでに、わたしを感動させるとは」


子《し》、斉《せい》に在《あ》りて韶《しょう》を聞《き》く。三《さん》月肉《げつにく》の味《あじ》わいを知《し》らず。

曰《いわ》く、

「図《はか》らざりき、楽《がく》を為《な》すの斯《ここ》に至《いた》らんとは」。


子在斉聞韶。三月不知肉之味。曰、不図、為楽之至於斯也。

一四　冉有《ぜんゆう》がたずねた。

「先生は、衛の主君を助けるかしら」

子貢が答えた。

「よし、わたしがたずねてみよう」といって、

先生の部屋へ入ってたずねた。

子貢「伯夷《はくい》・叔斉《しゆくせい》はどういう人物ですか」

先生「昔の賢人だよ」

子貢「悔やみましたか」

先生「仁を求めて仁を得たのだ。何で悔やんだりするものか」

子貢は先生の部屋から出てきていった。

「先生は助けたりしないね」

冉有《ぜんゆう》曰《いわ》く、「夫子《ふうし》衛《えい》の君《きみ》を為《たす》くるか」。子貢《しこう》曰《いわ》く、「諾《だく》、吾将《われまさ》に之《これ》を問《と》わんとす」。入《い》りて曰《いわ》く、「伯夷《はくい》・叔斉《しゆくせい》は何人《なんびと》ぞや」。曰《いわ》く、「古《いにしえ》の賢人《けんじん》なり」。曰《いわ》く、「怨《うら》みたりや」。曰《いわ》く、「仁《じん》を求《もと》めて仁《じん》を得《え》たり。又何《またなん》ぞ怨《うら》みん」。出《い》でて曰《いわ》く、「夫子《ふうし》は為《たす》けじ」。

冉有曰、夫子為衛君乎。子貢曰、諾、吾将問之。入曰、伯夷叔斉、何人也。曰、古之賢人也。曰、怨乎、曰、求仁而得仁。又何怨。出曰、夫子不為也。

一五

先生がいわれた。
「粗末な食事をし水を飲み、肘を曲げて枕にしても、それでちゃんと楽しいものだ。不義をはたらいて金持ちになり、身分が高くなるのは、わたしにとっては浮雲みたいなものだ」

子曰《しいわ》く、疏食《そし》を飯《くら》い、水《みず》を飲《の》み、肱《ひじ》を曲《ま》げて之《これ》を枕《まくら》とす。楽《たの》しみ亦《ま》た其《そ》の中《うち》に在《あ》り、不義《ふぎ》にして富《と》み且《か》つ貴《とうと》きは、我《われ》に於《お》いて浮雲《ふうん》の如《ごと》し。

子曰、飯疏食飲水、曲肱而枕之。楽亦在其中矣。不義而富且貴、於我如浮雲。

一六

先生がいわれた。
「もし、わたしが数年生き延びて、しまいまで易《えき》を学べたら、大きな過ちをしでかすことはない」

子曰《しいわ》く、我《われ》に数年《すうねん》を仮《か》し、以《もっ》て易《えき》を学《まな》ぶことを卒《お》えしめば、以《もっ》て大《たい》過《か》なかるべし。

子曰、仮我数年、卒以学易、可以無大過矣。

一七

先生が常々いわれたのは、『詩経《しきょう》』のこと、『書経《しょきょう》』のことと、礼を実践することであって、いずれも、常々話されたお言葉であった。

子所雅言、詩書執礼、皆雅言也。

子《し》の雅《つね》に言《い》う所《ところ》は、詩書執礼《ししょしつれい》
皆雅《みなつね》に言《い》うなり。

▼孔子が人との問答において話題にした経典は、『詩経』と『書経』の二書だけである。今日に伝わるものと同じものか否かは断定しにくいが、『詩経』は孔子自身が編集したというのが共通理解であった。さらに、礼と楽が基礎教養であった。また、『書経』もその原型ができていたのであろう。短い言葉ながら、孔子学団における教養科目を示す発言である。

一八

葉公《しょうこう》（楚国葉県の長官）が、孔子のことを子路《しろ》にたずねたが、子路は答えなかった。

先生がいわれた。

「君はなぜいわなかったのだ。

その人柄は、やる気満々で食事も忘れ、楽しむあまり心配ごとも忘れ、年寄りになることも気づかずにいると」


葉公《しょうこう》、孔子《こうし》を子路《しろ》に問《と》う。

子路《しろ》対《こた》えず。

子曰《しいわ》く、

「女奚《なんじな》んぞ曰《いわ》ざる、『其《そ》の人《ひと》となりや、憤《いきどお》りを発《はっ》して食《しょく》を忘《わす》れ、楽《たの》しみて以《もっ》て憂《うれ》いを忘《わす》る。老《お》いの将《まさ》に至《いた》らんとするを知《し》らず、爾云《しかい》う』と」。


葉公問孔子於子路。子路不対。子曰、女奚不曰、其為人也、発憤忘食、楽以忘憂。

不知老之将至云爾。

一九

先生がいわれた。

「わたしは、生まれつきのままで理解できるほどの人物ではない。昔のことが好きでせっせと研究しただけだ」

子曰《しいわ》く、我《われ》は生《うま》れながらにして之《これ》を知《し》る者《もの》にあらず。古《いにしえ》を好《この》みて敏《びん》にして以《もっ》て之《これ》を求《もと》むる者《もの》なり。

子曰、我非生而知之者。好古敏以求之者也。

二〇

先生は、怪異と武勇、世の乱れと神業《かみわざ》は口にされなかった。

子《し》、怪《かい》・力《りょく》・乱《らん》・神《しん》を語《かた》らず。

子不語怪・力・乱・神。

▼十七条の雅言（雅《つね》に言う）と対比される語録。非日常的な神怪の世界をあつめて、この語録にもとづいて『子不語』と命名したのは、清代の袁枚。

二

先生がいわれた。

「三人が同行すれば、その中には必ず自分の先生がいる。よい人を選んでそれを見習い、よくない人をみては、自分を改める」

子《し》曰《いわ》く、

三人《さんにん》行《い》けば必《かなら》ず我《わ》が師《し》あり。其《そ》の善《ぜん》なる者《もの》を択《えら》んで之《これ》に従《したが》い、其《そ》の不善《ふぜん》なる者《もの》は之《これ》を改《あらた》む。

子曰、三人行、必有我師焉。択其善者而従之。其不善者而改之。

三

先生がいわれた。

「天がわたしに徳（人間として生きる力）を与えられた。桓魋《かんたい》ごときがわたしを殺すことなどできはしない」

子《し》曰《いわ》く、

天徳《てんとく》を予《われ》に生《しょう》ぜり。桓魋《かんたい》其《そ》れ予《われ》をいかんせん。

子曰、天生徳於予、桓魋其如予何。

二三

先生がいわれた。

「諸君は、わたしが隠し事をしていると思っているのか。わたしは、君たちに何も隠してはいない。わたしは、何をしている時でも、諸君に示さないことはない。それがわたしなのだ」

子曰、二三子、以我無隠乎。吾無隠乎爾。吾無行而不与二三子者。是丘也。

子《し》曰《いわ》く、二三子《にさんし》、我《われ》を以《もっ》て隠《かく》せりとなすか。吾《われ》爾《なんじ》に隠《かく》すことなし。吾《われ》行《おこな》うとして二三子《にさんし》に与《しめ》さざる者《もの》なし。是《これ》丘《きゅう》なり。

二四

先生は四つのことを教えられた。文（学問）と行（行ない）、忠と信とである。

子以四教。文・行・忠・信。

子《し》、四《よつ》を以《もっ》て教《おし》う。文《ぶん》・行《こう》・忠《ちゅう》・信《しん》。

二五

先生がいわれた。

「聖人にはお目にかからない。でも、君子に会えればそれでいい。善人にはお目にかからない。でも、恒心《こうしん》ある人に会えれば、それでいい。ないものをあるように見せ、空《から》なのを満ちたように見せ、縮こまっているのにゆったり見せたりするようでは、むずかしいものだ、恒心があることは」

子《し》曰《いわ》く、聖人《せいじん》は吾《われ》得《え》て之《これ》を見《み》ず。君子《くんし》を見《み》るを得《え》ば斯《こ》れ可《か》なり。善《ぜん》人《じん》は吾《われ》得《え》て之《これ》を見《み》ず。恒《つね》ある者《もの》を見《み》るを得《え》ば斯《こ》れ可《か》なり。亡《な》くして有《あ》りと為《な》し、虚《むな》しくして盈《み》てりとなし、約《やく》にして泰《たい》なりと為《な》す。難《かた》いかな恒《つね》あること。

子曰、聖人、吾不得而見之矣。得見君子者斯可矣。子曰、善人、吾不得而見之矣。得見有恒者斯可矣。亡而為有、虚而為盈、約而為泰。難乎有恒矣。

▼恒心ある人――不動心、外物に左右されない恒常心のある人。後に孟子も重視する。

二六

先生は釣りはされたが、大綱でごっそりとはとらなかった。射ぐるみはされたが、巣ごもりの鳥は射られなかった。

子《し》、釣《つり》して綱《あみ》せず、弋《よく》して宿《しゆく》を射《い》ず。

子釣而不綱。弋不射宿。

二七

先生がいわれた。

「理解しないままに実行してしまう人がいるが、わたしにはそういうことはない。ひろく聞いてよいものを選び、それに従う。ひろく見て記憶するのは、理解することより一段下のことだ」

子《し》曰《いわ》く、蓋《けだ》し知《し》らずして之《これ》を作《な》す者《もの》あらん。我《われ》は是《これ》なし。多《おお》く聞《き》いて其《そ》の善《ぜん》なる者《もの》を択《えら》んで之《これ》に従《したが》い、多《おお》く見《み》て之《これ》を識《しる》すは之《これ》を知《し》るの次《つぎ》なり。

子曰、蓋有不知而作之者。我無是也。多聞択其善者而従之、多見而識之、知之次也。

二八

不善《ふぜん》に慣れている互郷（村の名）の人々には、話がしにくい。そこの子供が先生に会いに来たので、門人は取り次ぐべきか否かをためらった。先生がいわれた。

「人が心を清めて進み出て来たのであれば、清めたことは認めて、その前のことは気にかけない。進み出て来たのを認めるが、退出してから悪さをすることは認めない。厳しくばかりはしない」

互郷《ごきょう》与《とも》に言《い》い難《がた》し、童子《どうし》見《まみ》ゆ。門人惑《もんじんまど》う。子曰《しいわ》く、

「人己《ひとおのれ》を潔《いさぎよ》くして以《もっ》て進《すす》まば、其《そ》の潔《いさぎよ》きを与《ゆる》し、其《そ》の往《おう》を保《ほ》せず。其《そ》の進《すす》むを与《ゆる》し、其《そ》の退《しりぞ》くを与《ゆる》さず。唯何《ただなん》ぞ甚《はなは》だしくせん」。

互郷難与言、童子見。門人惑。子曰、人潔己以進、与其潔也、不保其往也。与其進也、不与其退也。唯何甚。

二九

先生がいわれた。
「仁《じん》は遠いものか。わたしが仁を求めると、すぐに仁がやって来る」

子曰《しいわ》く、仁遠《じんとお》からんや。我仁《われじん》を欲《ほっ》すれば斯《ここ》に仁至《じんいた》る。

子曰、仁遠乎哉。我欲仁斯仁至矣。

▼仁は、「心の徳、愛の理」と定義される。「心の徳」とは、誰もが生まれながらに固有している人間らしく生きる能力をいう。「愛の理」とは、心が固有する本性としての仁が発動して、道理にかない中正であることをいう。だから、仁は誰もが固有するものだから、「遠く」にあるのではない。それを実践しようとしさえすれば、すぐに実践できるものなのである。

三〇

陳の国の司敗《しはい》（司法官）がたずねた。

「（魯の君主の）昭公《しょうこう》は、礼をわきまえていましたか」

孔子がいわれた。「礼をわきまえていました」

孔子が退出されてから、司敗は巫馬期《ふばき》（孔子の門人）に挨拶して、そばまで来させていった。

「わたしは、君子は徒党を組まないと聞いていたが、君子も徒党を組んで悪事を隠すのか。君主（昭公）は、呉の国から嫁とりをしたが、同じ苗字なので、呉孟子《ごもうし》といった。あの君主が礼をわきまえているとしたら、礼をわきまえない人などあるものか」

巫馬期がそのことを、先生に申し上げた。

先生がいわれた。

「わたしは幸せだ。過ちがあると、人が必ず

陳《ちん》の司敗《しはい》問《と》う、

「昭公《しょうこう》は礼《れい》を知《し》るか」。

孔子《こうし》曰《いわ》く、「礼《れい》を知《し》る」。

孔子《こうし》退《しりぞ》く。

巫馬期《ふばき》を揖《ゆう》して之《これ》を進《すす》めて曰《いわ》く、

「吾《われ》聞《き》く『君子《くんし》は党《とう》せず』と。君子《くんし》も亦《ま》た党《とう》するか。君呉《きみご》に取《めと》れり。同姓《どうせい》たり。之《これ》を呉孟《ごもう》子《し》と謂《い》う。君《きみ》にして礼《れい》を知《し》らば、孰《たれ》か礼《れい》を知《し》らざらん」。

巫馬期《ふばき》以《もっ》て告《つ》ぐ。

子《し》曰《いわ》く、「丘《きゅう》や幸《さいわ》いなり。苟《も》し過《あやま》ちあらば人《ひと》必《かなら》ず之《これ》を知《し》る」。

気づいてくれる」

陳司敗問、昭公知礼乎。孔子曰、知礼。孔子退。揖巫馬期而進之曰、吾聞君子不党。君子亦党乎。君取於呉。為同姓。謂之呉孟子。君而知礼、孰不知礼。巫馬期以告。子曰、丘也幸。苟有過、人必知之。

▼中国の慣習として同姓の間では婚姻はしない。このことを「同姓不婚」という。魯の国も呉の国もともに姫《き》という姓であるから、本来は婚姻できないのに、魯の昭公が呉から孟子《もうし》を嫁取りしたことをごまかして、呉姫というべき所を、「呉孟子」といったことを司敗は非難した。

三一

先生は、皆と一緒に歌ってうまくいくと、必ず繰り返させて、その後で合唱された。

子与人歌而善、必使反之、而後和之。

子《し》、人《ひと》を歌《うた》うて善《よ》くば、必《かなら》ず之《これ》を反《はん》せしめ、而《しか》る後《のち》に之《これ》に和《わ》す。

三二

先生はいわれた。

「文《ぶん》（表現すること）は、わたしも人なみだが、わたし自身が君子らしくふるまうとなると、まだできないままだ」

子《し》曰《いわ》く、文《ぶん》は吾《われ》猶《な》お人《ひと》の如《ごと》くなること莫《な》からんや。躬《み》ずから君子《くんし》を行うは、則《すなわ》ち吾《わ》れ未《いま》だ之《これ》を得《う》ること有《あ》らず。

子曰、文、莫吾猶人也。躬行君子、則吾未之有得。

▼「文《ぶん》」は「行《こう》」に対比される語。「君子とは何か」を口でいい筆で著すことは人なみにできるが、君子を我が身に実現するとなると、困難でありできていないと、孔子が謙遜していった。

三三

先生がいわれた。

「聖《せい》とか仁とかということは、わたしにはあてはまらない。それでも、聖や仁の道を実践してあきることなく、聖や仁の道で人々を教えて疲れをしらないということは、まあいえるかな」

公西華《こうせいか》がいった。

「これこそ、われわれ弟子どもには、真似のできないことです」

子《し》曰《いわ》く、

「聖《せい》と仁《じん》との若《ごと》きは則《すなわ》ち吾《わ》れ豈《あ》に敢《あ》えてせんや。抑《そもそも》之《これ》を為《な》して厭《いと》わず、人《ひと》を誨《おし》えて倦《う》まず。則《すなわ》ち云《い》うと謂《い》うべきのみ」。

公西華《こうせいか》曰《いわ》く、「正《まさ》に唯《た》だ弟子《ていし》学《まな》ぶこと能《あた》わざるなり」。

子曰、若聖与仁、則吾豈敢。抑為之不厭、誨人不倦。則可謂云爾已矣。公西華曰、
正唯弟子不能学也。

三四

先生の病気が重くなったので、子路がお祈りしたいと願い出た。

先生がいわれた。

「そんなことがあるのか」

子路が答えていった。

「ございます。誄《るい》（死者を悼んでその行ないを述べる時の文句）に『汝を天地の神々に祈る』とあります」

先生がいわれた。

「それなら、わたしは長いことお祈りしてきた」

子《し》の疾《やまい》、病《へい》す。子路《しろ》禱《いの》らんと請う。子曰《しいわ》く、「諸《これ》ありや」。子路《しろ》対《こた》えて曰《いわ》く、「之《これ》あり。誄《るい》に曰《いわ》く、『爾《なんじ》を上下《しょうか》の神祇《しんぎ》に禱《いの》る』と」。子曰《しいわ》く、「丘《きゅう》の禱《いの》ること久《ひさ》し」。

子疾、病。子路請禱。子曰、有諸。子路対曰、有之。誄曰、禱爾于上下神祇。子曰、丘之禱久矣。

三五

先生がいわれた。

「贅沢だと謙遜でなくなる。倹約だと固陋《ころう》になる。謙遜でなくなるよりは、むしろ固陋なほうがよろしい」

子曰、奢則不孫。倹則固。与其不孫也寧固。

子曰《しいわ》く、奢《しゃ》なれば則《すなわ》ち不孫《ふそん》なり。倹《けん》なれば則《すなわ》ち固《こ》なり。其《そ》の不孫《ふそん》ならんよりは、寧《むし》ろ固《こ》なれ。

三六

先生がいわれた。

「君子はゆったりとのびのびしているが、小《しょう》人《じん》はいつも心配ごとをかかえている」

子曰、君子坦蕩蕩。小人長戚戚。

子曰《しいわ》く、君子《くんし》は坦《たい》らかにして蕩蕩《とうとう》たり。小人《しょうじん》は長《とこしえ》に戚戚《せきせき》たり。

三七

先生は、温和だが厳しく、威厳があるが激しくはなく、丁重だが安息しておられる。

子《し》は温《おん》にして厲《はげ》し。威《い》あって猛《たけ》からず。恭《うやうや》しくして安《やす》し。

子温而厲。威而不猛。恭而安。

泰伯《たいはく》第八

一

先生がいわれた。
「泰伯《たいはく》（周の大王の長男）さんは、最高の人格者と評価できる。三度も（跡形も残さずに見事に）天下を譲ったので、人民は褒めるすべがなかった」

子曰《しいわ》く、泰伯《たいはく》は其《そ》れ至徳《しとく》と謂《い》う可《べ》きのみ。三《み》たび天下《てんか》を以《もっ》て譲《ゆず》り、民《たみ》は得《え》て称《しょう》すること無《な》し。

子曰、泰伯其可謂至徳也已矣。三以天下譲。民無得而称焉。

二

先生がいわれた。

「丁重にしても、礼がなければ疲れる。
慎重にしても、礼がなければおじけづく。
勇ましくても、礼がなければ乱暴になる。
正直でも、礼がなければ締めつけられる。
君子が、親しい者に手厚くすると、
人民は仁になろうと奮い立つ。
昔からの友だちを忘れなければ、
人民は薄情でなくなる」

子《し》曰《いわ》く、
恭《きょう》にして礼《れい》無《な》ければ則《すなわ》ち労《ろう》す。
慎《しん》にして礼無ければ則ち葸《し》す。
勇《ゆう》にして礼無ければ則ち乱《みだ》る。
直《ちょく》にして礼無ければ則ち絞《こう》す。
君子《くんし》は親《しん》に篤《あつ》ければ則ち民《たみ》は
仁《じん》に興《おこ》る。故旧《こきゅう》遺《わす》れざれば
則《すなわ》ち民《たみ》は偸《うす》からず。

子曰、恭而無礼則労。慎而無礼則葸。勇而無礼則乱。直而無礼則絞。君子篤於親、
則民与於仁。故旧不遺、則民不偸。

三

曽子《そうし》が病気になった時、門人を呼んでいわれた。「布団をあけて、わたしの足と手を見てご覧。『詩経《しきょう》』(小雅・小旻《びん》篇)に『おそれつつ謹みつつ、深き淵に臨むように、薄き氷を踏むように』とあるが、これからは、わたしはもう身体を傷つけることはないと思う。諸君よ」

曽子《そうし》、疾《やまい》あり。門弟子《もんていし》を召《め》して曰《いわ》く、「予《わ》が足《あし》を啓《ひら》け、予《わ》が手《て》を啓《ひら》け。詩《し》に云《い》わく、『戦戦《せんせん》兢兢《きょうきょう》として、深淵《しんえん》に臨《のぞ》むが如《ごと》く、薄氷《はくひょう》を履《ふ》むが如《ごと》し』と。今《いま》よりして後《のち》、吾《われ》免《まぬか》るることを知《し》るかな。小子《しょうし》」。

曽子有疾。召門弟子曰、啓予足、啓予手。詩云、戦戦兢兢、如臨深淵、如履薄氷。而今而後、吾知免夫。小子。

四

曽子の病気が重くなった時、孟敬子《もうけいし》（魯の大夫）がお見舞に行った。

曽子がいわれた。

「鳥が今にも死ぬ時は、その鳴き声は哀れだ。人が今にも死ぬ時は、その言葉は素晴らしい。君子が道として重視することに、三つある。姿かたちを整えれば、手荒さから遠ざかる。顔つきを正しくすれば、信義に近づく。言葉づかいをよくすれば、卑しさから遠ざかる。籩豆《へんとう》（祭りにお供えを盛る器）のことは、担当する役人がいるから彼らにまかせたらよい」

曽子《そうし》疾《やまい》あり。孟敬子《もうけいし》之《これ》を問《と》う。曽子《そうし》言《い》いて曰《いわ》く、『鳥《とり》の将《まさ》に死《し》なんとする、其《そ》の鳴《な》くや哀《かな》し。人《ひと》の将《まさ》に死《し》なんとする、其《そ》の言《い》うや善《よ》し』。君子《くんし》の道《みち》に貴《とうと》ぶ所《ところ》の者三《ものさん》。容《よう》貌《ぼう》を動《うご》かして斯《ここ》に暴慢《ぼうまん》に遠《とお》ざかり、顔色《がんしょく》を正《ただ》して斯《ここ》に信《しん》に近《ちか》づき、辞気《じき》を出《いだ》して斯《ここ》に鄙倍《ひばい》に遠《とお》ざかる。籩豆《へんとう》の事《こと》は則《すなわ》ち有司存《ゆうしそん》す。

曽子有疾。孟敬子問之。曽子言曰、鳥之将死、其鳴也哀。人之将死、其言也善。君子之所貴乎道者三。動容貌、斯遠暴慢矣、正顔色、斯近信矣、出辞気、斯遠鄙倍矣。籩豆之事、則有司存。

五

曽子がいわれた。

「才能があるのに、才能のない者に尋ね、多いのに少ない者に尋ね、有るのに無いかのようにし、満ちていても空《から》のようにし、逆らわれても取り合わない。昔、わたしの友だちの顔回《がんかい》がつとめたことです」

曽子《そうし》曰《いわ》く、能《のう》を以《もっ》て不能《ふのう》に問《と》い、多《おお》きを以《もっ》て寡《すく》なきに問《と》い、有《あ》れども無《な》きが若《ごと》く、実《み》つれども虚《むな》しきが若《ごと》く、犯《おか》せども校《はか》らず。むかし、吾《わ》が友《とも》、嘗《かっ》て斯《ここ》に従事す。

曽子曰、以能問不能、以多問於寡、有若無、実若虚、犯而不校。昔者吾友、嘗従事於斯矣。

六

曽子がいわれた。

「身のたけ六尺の若君をまかせることもできるし、百里四方の国の運命を預けることもできる。重大事に直面しても、節操を奪うことはできない。（そういう人は）君子かな、たしかに君子だ」

曽子《そうし》曰《いわ》く、以《もっ》て六尺《りくせき》の孤《こ》を託《たく》すべく、以《もっ》て百里《ひゃくり》の命《めい》を寄《よ》すべく、大節《たいせつ》に臨《のぞ》んで奪《うば》うべからず。君子《くんし》人《じん》か。君子人《くんしじん》なり。

曽子曰、可以託六尺之孤、可以寄百里之命、臨大節而不可奪也。君子人与。君子人也。

七

曽子がいわれた。「士《し》は、心広く強くなければならない。任務は重いし、道のりは遠い。仁を自分の任務としたら、いかにも重いではないか。死ぬまでやめられないとしたら、いかにも遠いではないか」

曽子曰、士不可以不弘毅。任重而道遠。仁以為己任。不亦重乎。死而後已。不亦遠乎。

曽子《そうし》曰《いわ》く、士《し》は以《もっ》て弘毅《こうき》ならざるべからず。任重《にんおも》くして道遠《みちとお》し。仁以《じんもっ》て己《おの》が任《にん》となす。亦《ま》た重《おも》からずや。死《し》して後已《のちや》む。亦《ま》た遠《とお》からずや。

八

先生がいわれた。「詩によって心を奮いたたせ、礼によってわが身を自立させ、音楽によって人格を完成する」

子曰、興於詩、立於礼、成於楽。

子曰《しいわ》く、詩《し》に興《おこ》り、礼《れい》に立《た》ち、楽《がく》に成《な》る。

九

先生がいわれた。

「人民は道理に従わせることはできるが、なぜそうするのかを知らせることはできない」

子曰、民可使由之。不可使知之。

子曰《しいわ》く、

民《たみ》は之《これ》に由《よ》らしむべし。之《これ》を知《し》らしむべからず。

一〇

先生がいわれた。

「勇気を好んで貧乏を嫌うと、乱を起こす。人が仁でないからといって、ひどく嫌うと乱を招く」

子曰、好勇疾貧、乱也。人而不仁、疾之已甚、乱也。

子曰《しいわ》く、

勇《ゆう》を好《この》んで貧《ひん》を疾《にく》めば乱《らん》す。人《ひと》として不仁《ふじん》なる、之《これ》を疾《にく》むこと已甚《はなはだ》しければ乱《らん》す。

一一

先生がいわれた。
「もし、周公《しゅうこう》ほどに才能が素晴らしかったとしても、傲慢でけちであったら、才能以外は見るに値しない」

子曰、如有周公之才之美、使驕且吝、其餘不足観也已。

子《し》曰《いわ》く、
如《も》し周公《しゅうこう》の才《さい》の美《び》ありとも、
驕《きょう》且《か》つ吝《りん》ならしめば、其《そ》の
餘《よ》は観《み》るに足《た》らざるのみ。

一二

先生がいわれた。
「三年も学問をして、俸給を求めないとしたら、得がたい人物だ」

子曰、三年学、不至於穀、不易得也。

子《し》曰《いわ》く、
三年《さんねん》学《まな》びて穀《こく》に至《いた》らざるは得《え》
易《やす》からざるなり。

一三

先生がいわれた。

「あくまでも信じて学問を好み、死ぬまで守り抜いて道を磨く。危険な国には踏み入らず、乱れた国には滞在しない。

天下に道が生かされていれば社会に躍り出て、道が生かされていなければ社会から身を引く。

国に道が生かされているのに、貧乏で身分が低いのは恥だ。国に道が生かされていないのに、金持で身分が高いのは恥だ」

子曰《しいわ》く、

篤《あつ》く信《しん》じて学《がく》を好《この》み、死《し》を守《まも》りて道《みち》を善《よ》くす。危邦《きほう》には入《い》らず。乱邦《らんぽう》には居《お》らず。天下《てんか》道《みち》あれば則《すなわ》ち見《あらわ》れ、道《みち》なければ則《すなわ》ち隠《かく》る。邦《くに》に道《みち》あるに貧《まず》しく且《か》つ賤《いや》しきは恥《はじ》なり。邦《くに》に道《みち》なきに富《と》み且《か》つ貴《とうと》きは恥《はじ》なり。

子曰、篤信好学、守死善道。危邦不入、乱邦不居。天下有道則見、無道則隠。邦有道、貧且賤焉、恥也。邦無道、富且貴焉、恥也。

一四

先生がいわれた。

「その地位にいなければ、その政治に口出しはしない」

子曰、不在其位、不謀其政。

子《し》曰《いわ》く、其《そ》の位《くらい》に在《あ》らざれば、其《そ》の政《まつりごと》を謀《はか》らず。

一五

先生がいわれた。

「音楽師の摯《し》が演奏を始めた時の関雎《かんしょ》（『詩経《しきょう》』）の終章は、ひろびろとして、美しさが耳に満ちあふれる」

子曰、師摯之始、関雎之乱、洋洋乎、盈耳哉。

子《し》曰《いわ》く、師摯《しし》の始《はじ》め、関雎《かんしょ》の乱《おわ》り、洋洋乎《ようようこ》として、耳《みみ》に盈《み》てるかな。

一六

先生がいわれた。

「熱狂的で素直でない。物も知らずにつつしみがない。無能なくせに誠実さがない。こんな人はわたしはとりあわない」

子曰、狂而不直、侗而不愿、悾悾而不信、吾不知之矣。

子曰《しいわ》く、狂《きょう》にして直《ちょく》ならず、侗《どう》にして愿《げん》ならず、悾悾《こうこう》として信《しん》ならず。吾《わ》れ之《これ》を知《し》らず。

一七

先生がいわれた。

「学問とは、まだまだという思いでするものである。その上、失うのではないかと心配せよ」

子曰、学如不及、猶恐失之。

子曰《しいわ》く、学《がく》は及《およ》ばざるが如《ごと》くして、猶《な》お之《これ》を失《うしな》わんことを恐《おそ》れよ。

一八

先生がいわれた。

「高大なものだね、舜《しゅん》や禹《う》が天下を支配されていたことは。それでいてその地位を楽しいとは思われなかった」

子曰、巍巍乎、舜禹之有天下也。而不与焉。

子曰《しいわ》く、巍巍乎《ぎぎこ》たり、舜禹《しゅんう》の天下《てんか》を有《たも》つや。而《しか》も与《あず》からず。

一九

先生がいわれた。

「偉大なものだ、堯《ぎょう》の君主ぶりは。あまりにも高大な天こそが偉大なので、堯は天を基準にした。あまりに高遠なので、人民は表現することができなかった。あまりに高大なので、みごとな成果があがった。輝くばかりに文章（礼楽制度）ができあがった」

子曰《しいわ》く、大《だい》なる哉《かな》堯《ぎょう》の君《きみ》たるや。巍《ぎ》巍《ぎ》乎《こ》たり。唯天《ただてん》を大《だい》となす。唯堯之《ただぎょうこれ》に則《のっと》る。蕩蕩乎《とうとうこ》たり。民《たみ》能《よ》く名《な》づくるなし。巍巍乎《ぎぎこ》として其《そ》れ成功《せいこう》あり。煥乎《かんこ》として其《そ》れ文章《ぶんしょう》あり。

子曰、大哉堯之為君也。巍巍乎。唯天為大。唯堯則之。蕩蕩乎。民無能名焉。巍巍乎其有成功也。煥乎其有文章。

二〇

舜《しゅん》には臣下が五人いて、天下がおさまった。

周の武王《ぶおう》がいった。

「わしには、おさめてくれる臣下が十人ある」

（『書経』泰誓篇）と。

孔子がいわれた。

「『人材は得がたい』と。本当にそうだ。唐虞《とうぐ》（堯舜）の時代は、その時は盛んだった。周では（十人の中に）婦人がいたから、臣下は九人だけだった。（武王の父の文王は）天下の三分の二を支配していながら、殷に従っていたのだから、周の徳は最高の徳と評価できる」


舜《しゅん》は臣《しん》五人《ごにん》ありて天下《てんか》治《おさ》まる。

武王《ぶおう》は曰《いわ》く、

「予《よ》に乱臣十人《らんしんじゅうにん》あり」と。

孔子《こうし》曰《いわ》く、

「『才難《さいかた》し』と、其《そ》れ然《しか》らずや。唐虞《とうぐ》の際《さい》は斯《これ》より盛《さか》んなりとなす。婦人《ふじん》あり。九人《きゅうにん》のみ。天下《てんか》を三分《さんぶん》して其《そ》の二《に》を有《たも》ち、以《もっ》て殷《いん》に服事《ふくじ》す。周《しゅう》の徳《とく》は其《そ》れ至徳《しとく》と謂《い》うべきのみ」。


舜有臣五人而天下治。武王曰、予有乱臣十人。孔子曰、才難。不其然乎。唐虞之際、於斯為盛。有婦人焉。九人而已。三分天下有其二、以服事殷。周之徳、其可謂至徳也已矣。

二一

先生がいわれた。

「禹《う》は、非の打ちどころがない。食事を質素にして、鬼神《きしん》におつかえし、着物は粗末でも、黻《ふつ》（祭の時の前垂）や冕《べん》（祭の時の冠）は、美しくした。住まいは簡素にしても、灌漑《かんがい》には力を尽くした。禹は、非の打ちどころがない」

子《し》曰《いわ》く、禹《う》は吾《われ》間然《かんぜん》することなし。飲《いん》食《しょく》を菲《うす》くして孝《こう》を鬼神《きしん》に致《いた》し、衣服《いふく》を悪《あ》しくして美《び》を黻冕《ふつべん》に致《いた》し、宮室《きゅうしつ》を卑《いや》しくして力《ちから》を溝洫《こうきょく》に尽《つ》くせり。禹《う》は吾《われ》間《かん》然《ぜん》することなし。

子曰、禹、吾無間然矣。菲飲食而致孝乎鬼神、悪衣服而致美乎黻冕、卑宮室而尽力溝洫。禹、吾無間然矣。

子《し》罕《かん》第九

一　先生は、利と命と仁については滅多にいわれなかった。

子罕言、利与命与仁。

子《し》罕《まれ》に言《い》う、利《り》と命《めい》と仁《じん》と。

二　達巷《たつこう》という村の者がこういった。「偉大な人だね、孔子は。ひろく学びながら、専門家としては名を成していない」先生はこれを聞かれると、門人にいわれた。「わたしは、何を専門にやろうか。御者をやろうか、弓矢をやろうか。わたしは、御者をやろう」

達巷党《たつこうとう》の人《ひと》曰《いわ》く、「大《だい》なる哉《かな》孔子《こうし》、博《ひろ》く学《まな》んで名《な》を成《な》す所《ところ》なし」。子《し》、之《これ》を聞《き》いて門弟《もんてい》子《し》に謂《い》いて曰《いわ》く、「吾《われ》は何《なに》を か執《と》らん。御《ぎょ》を執《と》らんか、射《しゃ》を執《と》らんか、吾《われ》は御《ぎょ》を執《と》らん」。

達巷党人曰、大哉孔子、博学而無所成名。子聞之謂門弟子曰、吾何執。執御乎、執射乎、吾執御矣。

三

先生がいわれた。

「麻の冕《べん》（黒い麻布で作った冠）が、礼だ。当節は絹を用いるのは、倹約だ。わたしは今の人々に従い絹を用いよう。堂の下で拝するのが、礼だ。当節のように堂の上で拝するのは、思い上がりだ。今の人々とは違っても、わたしは、堂下で拝する」

子《し》曰《いわ》く、

麻《ま》冕《べん》は礼《れい》なり。今《いま》や純《じゅん》なるは倹《けん》なり。吾《われ》は衆《しゅう》に従《したが》わん。下《した》に拝《はい》するは礼《れい》なり。今《いま》、上《うえ》に拝《はい》するは泰《たい》なり。衆《しゅう》に違《たが》うと雖《いえど》も、吾《われ》は下《した》に従《したが》わん。

子曰、麻冕、礼也。今也純倹。吾従衆。拝下、礼也。今拝乎上、泰也。雖違衆、吾従下。

四

子《し》四《し》を絶《た》つ。意《い》なく、必《ひつ》なく、固《こ》なく、我《が》なし。

先生は四つのことを絶たれた。それは、思い込まないこと、必らずそうすると決めこまないこと、固執しないこと、我を張らないこと。

子絶四。毋意、毋必、毋固、毋我。

五

先生が、匡《きょう》でひどい目に遭われた時にいわれた。

「文王はすでに亡くなられたが、文はこのわたしにある。天がこの文を滅ぼしたなら、自分たちは、この文にたずさわることができないはずだ。天がまだこの文を滅ぼさないのだから、匡の人とて、このわたしをどうすることもできまい」

子《し》、匡《きょう》に畏《い》す。曰《いわ》く、文王既《ぶんのうすで》に没《ぼっ》するも、文茲《ぶんここ》に在《あ》らずや。天《てん》の将《まさ》に斯《こ》の文《ぶん》を喪《ほろ》ぼさんとするや、後死《こうし》の者《もの》斯《こ》の文《ぶん》に与《あずか》るを得《え》ず。天《てん》の未《いま》だ斯《こ》の文《ぶん》を喪《ほろ》ぼさざるや、匡《きょう》人《ひと》其《そ》れ予《われ》を如何《いかん》せん。

子畏於匡。曰、文王既没、文不在茲乎。天之将喪斯文也、後死者不得与於斯文也、天之未喪斯文也、匡人其如予何。

▼斯文《しぶん》（斯《こ》の文《ぶん》）——周王朝の伝統文化。孔子はその継承者であることを信念とし、その再興に情熱をもやした。

六

大宰《たいさい》が子貢《しこう》にたずねていった。

「先生は聖人ですか。なんでもできる方ですね」

子貢がいった。

「もともと天が自由にされて、ほとんど聖人といえますが、その上、何でもできる方なのです」

先生はこれを聞かれていわれた。

「大宰は、わたしのことがわかっている。わたしは、若い時には身分が低かったから、つまらぬことがなんでもできるのだ。君子とはなんでもするものか。いや、しないものだ」

牢《ろう》（孔子の門人）がいった。

「先生がいわれた。『わたしは、世に用いられなかったので、芸が身についたのだ』と」

大宰《たいさい》、子貢《しこう》に問《と》うて曰《いわ》く、

「夫子《ふうし》は聖者《せいじゃ》か。何《なん》ぞ其《そ》れ多《た》能《のう》なる」。

子貢曰《しこういわ》く、

「固《まこと》に天之《てんこれ》を縦《ゆる》して将《ほとん》ど聖《せい》にして又多能《またたのう》なり」

子《し》、之《これ》を聞《き》いて曰《いわ》く、

「大宰《たいさい》は我《われ》を知《し》れるか。吾《わ》が少《わか》きや賤《いや》し。故《ゆえ》に鄙事《ひじ》に多能《たのう》なり。君子《くんし》は多《た》ならんや。多《た》ならず」。

牢曰《ろういわ》く、

「子云《しい》う、『吾試《われもち》いられず。故《ゆえ》に芸《げい》あり』と」。

大宰問於子貢曰、夫子聖者与。何其多能也。子貢曰、固天縦之将聖、又多能也。子聞之曰、大宰知我乎。吾少也賤。故多能鄙事。君子多乎。不多也。牢曰、子云、吾不試。故芸。

七

先生がいわれた。「わたしには知識があるのか。いや、知識はない。ただ、つまらぬ男が、わたしにものをたずねた時、知りたい一心のようだったので、わたしが、そのすみずみまで叩いて、引き出しただけだ」

子曰《しいわ》く、吾《われ》知《し》ることあらんや。知《し》ることなし。鄙《ひ》夫《ふ》あり我《われ》に問《と》う。空空如《こうこうじょ》たるも、我《われ》其《そ》の両端《りょうたん》を叩《たた》いて竭《つ》くす。

子曰、吾有知乎哉。無知也。有鄙夫問於我。空空如也、我叩其両端而竭焉。

▼自分が博識なのでそれを教えてやったのではなくして、質問の問題意識をはっきりさせて、質問者自身に自分で答えを見い出すようにみちびいたことを、孔子が謙遜していったと解釈する。

八

子曰《しいわ》く、鳳鳥《ほうちょう》至《いた》らず、河《か》、図《と》を出《いだ》さず。吾《われ》已《や》んぬるかな。

先生がいわれた。
「鳳鳥《ほうちょう》はやって来ないし、河から図《と》は出てこないし、わたしも、これまでだ」

子曰、鳳鳥不至、河不出図。吾已矣夫。

▼鳳鳥は霊鳥。図《と》は数理を象徴した図版。黄河の中から、龍馬が図を背負ってあらわれた。ともに聖王の瑞兆。

九

子《し》、斉衰《しさい》の者《もの》と冕衣裳《べんいしょう》の者《もの》と瞽者《こしゃ》とを見《み》れば、之《これ》を見《み》れば少《わか》しと雖《いえど》も必《かなら》ず作《た》ち、之《これ》を過《す》ぐれば必《かなら》ず趨《はし》る。

先生は、斉衰《しさい》（喪服）の人、冕《べん》（礼式の時の冠）をつけた装束の人や盲目の人に会われると、年若い人でも、必ず立ち上がり、通りすぎる場合には、必ず急ぎ足で小走りにされた。

子見斉衰者冕衣裳者与瞽者、見之、雖少必作、過之必趨。

一〇

顔回《がんかい》がほとほと感歎して、こういった。

「仰ぐほどに高く、切り込むほどに堅い。前におられたかと思うと、いつの間にか後ろにおられる。先生は順序を踏まえてみごとに人を導かれる。文《ぶん》によって知識を博くし、礼によって振る舞いを引き締めてくださる。やめようと思ってもやめられず、もはや自分の能力を出し尽くしました。しっかりした基礎にすっくとお立ちになっている。わたしは先生については行きたいのですが、とっかかりがないのです」

顔淵《がんえん》、喟然《きぜん》として歎《たん》じて曰《いわ》く、之《これ》を仰《あお》げば弥《いよいよ》高《たか》く、之《これ》を鑽《き》れば弥《いよいよ》堅《かた》し。之《これ》を瞻《み》るに前《まえ》に在《あ》り、忽焉《こつえん》として後《しりえ》に在《あ》り。夫子《ふうし》循循然《じゅんじゅんぜん》として善《よ》く人《ひと》を誘《みちび》く。我《われ》を博《ひろ》むるに文《ぶん》を以《もっ》てし、我《われ》を約《やく》するに礼《れい》を以《もっ》てす。罷《や》めんと欲《ほっ》して能《あた》わず。既《すで》に吾《わ》が才《さい》を竭《つ》くす。立《た》つ所《ところ》ありて卓爾《たくじ》たるが如《ごと》し。之《これ》に従《したが》わんと欲《ほっ》すと雖《いえど》も、由《よし》なきのみ。

顔淵喟然歎曰、仰之弥高、鑽之弥堅。瞻之在前、忽焉在後。夫子循循然善誘人。博我以文、約我以礼。欲罷不能。既竭吾才。如有所立卓爾。雖欲従之、末由也已。

一一

先生の病気が重くなったので、子路《しろ》が門人を臣下にしたてた。

病気が小康状態の時に先生がいわれた。

「長いことになるね、由《ゆう》（子路）が偽りをやるのは。臣下がいもしないのに、いることにしているが、わたしは誰をだますのだろうか、天をだますのか。それにわたしは、したてられた臣下に世話されて死ぬよりは、むしろ諸君に世話されて死ぬほうがよい。それに、たとえ立派な葬儀をしてもらわなくても、まさか、道端で死ぬことはあるまい」


子《し》の疾《やまい》、病《へい》なり。子路《しろ》、門人《もんじん》をして臣《しん》とならしむ。

病間《びょうかん》に曰《いわ》く、「久《ひさ》しい哉《かな》、由《ゆう》の詐《いつわり》を行《おこな》うや。臣《しん》無《な》くして臣《しん》有《あ》りとなす。吾《われ》誰《たれ》をか欺《あざむ》かんや。天《てん》を欺《あざむ》かんや。且《か》つ予《われ》其《そ》の臣《しん》の手《て》に死《し》なんよりは、無寧《むしろ》二三子《にさんし》の手《て》に死《し》なんか。且《か》つ予《われ》縦《たと》い大葬《たいそう》を得《え》ずとも、予《われ》道路《どうろ》に死《し》なんや」。


子疾病。子路使門人為臣。病間曰、久矣哉、由之行詐也。無臣而為有臣、吾誰欺。欺天乎。且予与其死於臣之手也、無寧死於二三子之手乎。且予縦不得大葬、予死於道路乎。

二

子貢がいった。

「ここに美しい玉があるとしたら、箱に入れてしまっておきますか。いい値段で買ってくれる人を捜して売りますか」

先生がいわれた。

「売ろうとも、売ろうとも。わたしはわたしを買ってくれる人を待っているのだ」

子貢《しこう》曰《いわ》く、

「斯《ここ》に美玉《びぎょく》あり。匵《はこ》に韞《おさ》めて諸《これ》を蔵《ぞう》せんか。善賈《ぜんこ》を求《もと》めて諸《これ》を沽《う》らんか」。

子《し》曰《いわ》く、

「之《これ》を沽《う》らんかな。之《これ》を沽《う》らんかな。我《われ》は賈《こ》を待《ま》つ者《もの》なり」。


子貢曰、有美玉於斯。匵韞而蔵諸。求善賈而沽諸。子曰、沽之哉。沽之哉。我待賈者也。

一三

先生が九夷《きゅうい》（東の夷）に住もうとされた。

ある人がいった。

「むさくるしいのに、どうされますか」

先生がいわれた。

「君子が住めば、むさくるしいことはあるまい」


子欲居九夷。或曰、陋。如之何。子曰、君子居之、何陋之有。

子《し》、九夷《きゅうい》に居《お》らんと欲《ほっ》す。或《ある》人曰《ひといわ》く、「陋《いや》し、之《これ》を如何《いかん》」。子曰《しいわ》く、「君子之《くんしこれ》に居《お》らば何《なん》の陋《いや》しきことか之《これ》あらん」。

一四

先生がいわれた。

「わたしが衛《えい》から魯《ろ》に帰ると、それからは、音楽は正しくなり、雅《が》（朝廷の歌）も頌《しょう》（先祖の祭の歌）も本来の姿を回復した」


子曰、吾自衛反魯、然後楽正、雅頌各得其所。

子曰《しいわ》く、吾衛《われえい》より魯《ろ》に反《かえ》り、然《しか》る後楽《のちがく》正《ただ》しく、雅頌各其《がしょうおのおのそ》の所《ところ》を得《え》たり。

一五

先生がいわれた。

「家の外では、お公卿《くげ》さんによくつかえ、家の中では、父兄につかえる。葬儀には進んで立ち働き、酒にのまれることはない。それがわたしにはあるだろうか」

子曰、出則事公卿、入則事父兄、喪事不敢不勉、不為酒困。何有於我哉。

子《し》曰《いわ》く、出《い》でては則《すなわ》ち公卿《こうけい》に事《つか》え、入《い》りては則《すなわ》ち父兄《ふけい》に事《つか》う。喪事《そうじ》は敢《あ》えて勉《つと》めずんばあらず、酒《さけ》の為《た》めに困《こま》らず。何《なん》ぞ我《われ》にあらんや。

一六

先生が川のほとりでいわれた。

「過ぎ行くものは、川の流れと同じだ。夜も昼も止まらない」

子在川上曰、逝者如斯夫。不舎昼夜。

子《し》、川上《せんじょう》に在《あ》りて曰《いわ》く、逝《ゆ》く者《もの》は斯《かく》の如《ごと》きか。昼夜《ちゅうや》を舎《お》かず。

一七

先生がいわれた。

「わたしは、美人を好むほどに徳を好む人を見たことがない」

子《し》曰《いわ》く、吾未《われいま》だ徳《とく》を好《この》むこと色《いろ》を好《この》むが如《ごと》き者《もの》を見《み》ず。

子曰、吾未見好徳如好色者也。

一八

先生がいわれた。

「たとえば山を築き上げる場合、一もっこで仕上がるという所でやめるのは、自分自身がやめたのである。たとえば、地面を平らにならす場合、一もっこ分だけならすのでも、それを進めるのは、自分自身である」

子《し》曰《いわ》く、譬《たと》えば山《やま》を為《つく》るが如《ごと》し。未《いま》だ成《な》らざること一簣《いっき》にして、止《や》むは吾《わ》が止《や》むなり。譬《たと》えば地《ち》を平らかにするが如《ごと》し。一簣《いっき》を覆《くつがえ》すと雖《いえど》も、進《すす》むは吾《われ》が往《ゆ》くなり。

子曰、譬如為山。未成一簣、止吾止也。譬如平地。雖覆一簣、進吾往也。

一九　先生がいわれた。

「教えてもらったことを怠らないのは、顔回《がんかい》君だ」

子曰、語之而不惰者、其回也与。

子《し》曰《いわ》く、之《これ》に語《つ》げて惰《おこた》らざる者《もの》は、其《そ》れ回《かい》なるか。

二〇　先生が、顔淵（回）のことをいわれた。

「惜しいことに、わたしは、彼が進むのは見たが、やめるのは見なかった」

子謂顔淵曰、惜乎、吾見其進也。未見其止也。

子《し》、顔淵《がんえん》を謂《い》いて曰《いわ》く、惜《お》しいかな。吾《われ》其《そ》の進《すす》むを見《み》る。未《いま》だ其《そ》の止《とど》まるを見《み》ず。

二二

先生がいわれた。

「苗のままで花が咲かないものがある。花は咲いても、実らないものがある」

子曰、苗而不秀者有矣夫。秀而不実者有矣夫。

子《し》曰《いわ》く、苗《なえ》にして秀《ひい》でざる者《もの》あるかな。秀《ひい》でて実《みの》らざる者《もの》あるかな。

二三

先生がいわれた。

「若者は畏《おそ》るべき存在である。これからの人が、われわれに及ばないとは限らない。四十代、五十代になっても評判が立たないようでは、もう畏れることもない」

子曰、後生可畏。焉知来者之不如今也。四十五十而無聞焉、斯亦不足畏也已。

子《し》曰《いわ》く、後生《こうせい》畏《おそ》るべし。焉《いずく》んぞ来者《らいしゃ》の今《いま》に如《し》かざるを知《し》らんや。四《し》十五十《じゅうごじゅう》にして聞《きこ》ゆるなきは、斯《こ》れ亦《ま》た畏《おそ》るるに足《た》らざるのみ。

二三

先生がいわれた。
「正面からの直言は、聞かないではいられない。ちゃんと改めることが大事である。遠回しの甘言は、喜ばないではいられない。ちゃんと検討することが大事である。喜ぶばかりで検討もせず、聞くばかりで改めない人は、わたしは手当のしようがない」

子曰《しいわ》く、法語《ほうご》の言《げん》は能《よ》く従《したが》うことなからんや。之《これ》を改《あらた》むるを貴《とうと》しと為《な》す。巽与《そんよ》の言《げん》は能《よ》く説《よろこ》ぶことなからんや。之《これ》を繹《たず》ぬるを貴《とうと》しと為《な》す。説《よろこ》んで繹《たず》ねず、従《したが》つて改《あらた》めずんば、吾《われ》之《これ》を如何《いかん》ともすることなきのみ。

子曰、法語之言、能無従乎。改之為貴。巽与之言、能無説乎。繹之為貴。説而不繹、従而不改、吾末如之何也已矣。

二四

先生がいわれた。
「忠と信とを基本にすえ、自分より劣る人を友だちにしない。過ちを犯したら、さっさと改めること」

子曰、主忠信、毋友不如己者。過則勿憚改。

子曰《しいわ》く、
忠信《ちゅうしん》を主《しゅ》とし、己《おのれ》に如《し》かざる者《もの》を友《とも》とすること毋《なか》れ。過《あやま》っては則《すなわ》ち改《あらた》むるに憚《はばか》ること勿《なか》れ。

二五

先生がいわれた。
「三軍の総大将を奪うことはできるが、一人の男から、志《こころざし》を奪うことはできない」

子曰、三軍可奪帥也。匹夫不可奪志也。

子曰《しいわ》く、
三軍《さんぐん》は帥《すい》を奪《うば》うべし。匹夫《ひっぷ》も志《こころざし》を奪《うば》うべからず。

二六

先生がいわれた。

「破れた綿入れを着ながら、狐や貂の毛皮を着た人と並んでも、恥ずかしいと思わないのは、由《ゆう》（子路）だろう。『そこなわないで貪《むさぼ》らなければ、どうしてよくないことが起こるだろうか』（『詩経《しきょう》』衛風・雄雉篇）だ」

子路は、生涯この詩を口ずさんだ。

先生がいわれた。

「口ずさむだけでは、とりたててよいことはない」

子曰《しいわ》く、

「敝《やぶ》れたる縕袍《おんぽう》を衣《き》て、狐貉《こかく》を衣《き》る者《もの》と立《た》ちて恥《は》じざる者《もの》は、其《そ》れ由《ゆう》なるか。『忮《そこな》わず、求《むさぼ》らず、何《なに》を用《もっ》てか臧《よ》からざらん』」。

子路《しろ》、終身之《しゅうしんこれ》を誦《しょう》せんとす。

子曰《しいわ》く、

「是《こ》の道《みち》や、何《なん》ぞ以《もっ》て臧《よ》しとするに足《た》らん」。


子曰、衣敝縕袍、与衣狐貉者立、而不恥者、其由也与。不忮不求、何用不臧。子路終身誦之。子曰、是道也、何足以臧。

二七

先生がいわれた。

「寒い季節になって初めて、松や柏が葉を散らさずに残ることがわかる」

子曰、歳寒、然後知松柏之後彫也。

子曰《しいわ》く、歳寒《としさむ》うして然《しか》る後《のち》松柏《しょうはく》の彫《しぼ》むに後《おく》るるを知《し》る。

二八

先生がいわれた。

「智の人は決断する。仁の人は心配はしない。勇の人はたじろがない」

子曰、知者不惑。仁者不憂。勇者不懼。

子曰《しいわ》く、知者《ちしゃ》は惑《まど》わず。仁者《じんしゃ》は憂《うれ》えず。勇者《ゆうしゃ》は懼《おそ》れず。

二九

先生がいわれた。

「ともに学ぶことのできる人でも、まだ道に進むことはできない。道に進むことのできる人でも、まだ確立することはできない。確立することのできる人でも、まだ自由自在に行動することはできない」

子《し》曰《いわ》く、

与《とも》に共《とも》に学《まな》ぶべし。未《いま》だ与《とも》に道《みち》に適《ゆ》くべからず。与《とも》に道《みち》に適《ゆ》くべし。未《いま》だ与《とも》に立《た》つべからず。与《とも》に立《た》つべし。未《いま》だ与《とも》に権《はか》るべからず。

子曰、可与共学、未可与適道。可与適道。未可与立。可与立。未可与権。

三〇

『唐棣《とうてい》の花が、咲きみだれている。あなたを思いこがれているのだが、お家が遠すぎる』（『詩経』にもれた歌）。

先生がいわれた。

「まだ思いつめてはいないのだ。思いつめたら、何も遠いことなどない」

「唐棣《とうてい》の華《はな》、偏《へん》として其《そ》れ反《はん》せり。豈《あ》に爾《なんじ》を思《おも》わざらんや。室《しっ》是《こ》れ遠《とお》ければなり」。

子曰《しいわ》く、

「未《いま》だ之《これ》を思《おも》わざるなり。夫《そ》れ何《なん》の遠《とお》きことか之《これ》あらん」。

唐棣之華、偏其反而。豈不爾思。室是遠而。子曰、未之思也。夫何遠之有。

郷党《きょうとう》第十

一 孔子は、郷里では生真面目でした。まるで、口もきけないように。ところが、宗廟や朝廷に出られると、はきはきと発言され、ひたすらつつしまれた。

孔子《こうし》の郷党《きょうとう》に於《お》けるや、恂《じゅん》恂如《じゅんじょ》たり。言《い》う能《あた》わざる者《もの》に似《に》たり。其《そ》の宗廟朝廷《そうびょうちょうてい》に在《あ》るや、便便《べんべん》として言《い》う。唯《ただ》謹《つつし》むのみ。

孔子於郷党、恂恂如也。似不能言者。其在宗廟朝廷、便便言。唯謹爾。

二

先生は、朝廷で下大夫《かたいふ》と話される時は、きっぱりといわれたが、上大夫《じょうたいし》と話される時は、にこやかにいわれた。主君がおでましになると、畏まられたが、程よくされた。

朝《ちょう》にして下大夫《かたいふ》と言《い》えば侃侃《かんかん》如《じょ》たり。上大夫《じょうたいふ》と言《い》えば誾誾《ぎんぎん》如《じょ》たり。君在《きみいま》せば踧踖《しゅくせき》如《じょ》たり。与与《よよ》如《じょ》たり。

朝、与下大夫言、侃侃如也。与上大夫言、誾誾如也。君在。踧踖如也。与与如也。

三

主君が招いて接待にあたらせると、先生は顔つきを引き締められ、静かに歩かれた。一緒に立っている人にお辞儀をされると、手を右左にして、着物の前と後ろを整えた。小走りに進まれると、翼を広げたようでした。お客さまが帰られると、必ず主君にご報告して「お客さまは、振り返りませんでした」といわれた。

君召《きみめ》して擯《ひん》せしむれば、色勃《いろぼっ》如《じょ》たり、足躩如《あしかくじょ》たり。与《とも》に立《た》つ所《ところ》に揖《ゆう》すれば、手《て》を左右《さゆう》す。衣《い》の前後襜如《ぜんごせんじょ》たり。趨《はし》り進《すす》むや、翼如《よくじょ》たり。賓退《ひんしりぞ》くや、必《かなら》ず復命《ふくめい》して曰《いわ》く、「賓顧《ひんかえり》みず」と。

君召使擯、色勃如也。足躩如也。揖所与立、左右手。衣前後、襜如也。趨進、翼如也。賓退、必復命曰、賓不顧矣。

▼お客さまが帰り際に振り返ったなら、主君はあらためて礼を尽くさなければならない。振り返らないで、退出しきったならば、主君は接待の儀礼は終了することになるので、必ず報告して、主君を緊張から解放する。逆に客になった時は、退出する時は振り返らないのが礼儀である。

四

主君のご門に入られる時は、先生は、通れないかのように腰をかがめられた。立つ時は、門の中央には立たなかった。歩く時は、敷居を踏まなかった。主君がお立ちになる場所を通り過ぎる時は、顔つきを改められ、足どりは静かに、話しぶりもいい足りないようであった。裾をからげて堂にのぼられる時には、身をかがめて息をしないかのように静かに呼吸をされた。退出して階段を一段降りられると、ほっとした顔つきでのびやかになり、階段を降りきって小走りされる時は、翼を広げたようにされた。自分の席にもどっても敬《つつ》しんでおられた。

公門《こうもん》に入《い》れば鞠躬如《きくきゅうじょ》たり、容《い》れられざるが如《ごと》し。立《た》つに門《もん》に中《ちゅう》せず。行《ゆ》くに閾《しきい》を履《ふ》まず。位《くらい》を過《す》ぐれば色勃如《いろぼつじょ》たり。足躩如《あしかくじょ》たり。其《そ》の言《い》うこと足《た》らざる者《もの》に似《に》たり。斉《もすそ》を摂《かか》げて堂《どう》に升《のぼ》る、鞠躬如《きくきゅうじょ》たり。気《き》を屏《おさ》めて息《いき》せざる者《もの》に似《に》たり。出《い》でて一等《いっとう》を降《くだ》れば顔《がん》色《しょく》を逞《はな》ちて怡怡如《いいじょ》たり。階《かい》を没《つく》して趨《はし》るに、翼如《よくじょ》たり。其《そ》の位《くらい》に復《かえ》るも踧踖如《しゅくせきじょ》たり。

入公門、鞠躬如也、如不容。立不中門。行不履閾。過位、色勃如也。足躩如也。其言似不足者。摂斉升堂、鞠躬如也。屏気似不息者。出降一等、逞顔色、怡怡如也。

没階趨、翼如也。復其位、踧踖如也。

五

先生は、圭《けい》（主君の代理を証明する玉）をお持ちになる時には、まるでもちこたえられないかのように身をかがめられた。上げる時は会釈するぐらい、下げる時は授けるぐらいの高さに掲げられた。改まった顔つきは畏まって、足運びは、摺り足のようにされた。享《きょう》の礼の時には、なごやかな顔つきをされ、個人としての応対には、嬉しそうにされた。

圭《けい》を執《と》れば鞠躬如《きくきゅうじょ》たり。勝《た》えざるが如《ごと》し。上《あ》ぐることは揖《ゆう》するが如《ごと》く、下《さ》ぐることは授《さず》くるが如《ごと》し。勃如《ぼつじょ》として戦《せん》色《しょく》あり。足蹜蹜《あししゅくしゅく》として循《したが》うことあるが如《ごと》し。享礼《きょうれい》には容色《ようしょく》あり。私覿《してき》には愉愉如《ゆゆじょ》たり。

執圭、鞠躬如也。如不勝。上如揖、下如授。勃如戦色。足蹜蹜、如有循。享礼、有容色。私覿、愉愉如也。

▼享の礼——正式の礼がすんだのちに贈物をする儀式。

六

君子（先生）は、紺やとき色で襟の縁取りをしなかった。紅や紫色は、普段着にはされなかった。暑い季節には、単衣の葛織であったが、必ず上着として用いた。黒い着物には黒羊の皮、白の着物には鹿子の皮、黄色の着物には狐の皮を組み合わせた。普段着の皮ごろもは長くしたが、右の袂を短くした。必ず寝間着をおめしになり、その長さは、身の丈と半分。狐や貂のような毛深いものを着ておられ、喪があけると、佩玉をどこにでもつけ、帷裳でない物は、必ず切りこまれた。黒羊の皮と黒色の冠で葬儀には行かなかった。朔日《ついたち》には、必ず朝服《ちょうふく》を着て出仕された。

君子《くんし》は紺緅《かんすう》を以《もっ》て飾《かざ》らず。紅《こう》紫《し》は以《もっ》て褻服《せっぷく》と為《な》さず。暑《しょ》に当《あた》りては袗《ひとえ》の絺綌《ちげき》、必《かなら》ず表《おもて》にして之《これ》を出《い》だす。緇衣《しい》には羔《こう》裘《きゅう》、素衣《そい》には麑裘《げいきゅう》、黄衣《こうい》には狐裘《こきゅう》。褻裘《せっきゅう》は長《なが》くし、右《みぎ》の袂《たもと》を短《みじか》くす。必《かなら》ず寝衣《しんい》あり、長一身有半《たけいっしんゆうはん》。狐貉《こかく》の厚《あつ》き以《もっ》て居《お》る。喪《も》を去《のぞ》きては佩《お》びざる所《ところ》なし。帷裳《いしょう》に非《あら》ざれば必《かなら》ず之《これ》を殺《そ》ぐ。羔裘玄冠《こうきゅうげんかん》しては弔《ちょう》せず。吉月《きつげつ》には必《かなら》ず朝《ちょう》服《ふく》して朝《ちょう》す。

君子不以紺緅飾。紅紫不以為褻服。当暑袗絺綌、必表而出之。緇衣羔裘、素衣麑裘、黄衣狐裘。褻裘長、短右袂。必有寝衣、長一身有半。狐貉之厚以居。去喪無所不佩。非帷裳必殺之。羔裘玄冠、不以弔。吉月、必朝服而朝。

七

潔斎の時には、必ず明衣をおめしになり、それは布地であった。潔斎の時には、必ず食事を変え、住まいも必ず席を移された。

斉必有明衣、布。斉必変食。居必遷坐。

斉《さい》すれば必《かなら》ず明衣《めいい》あり。布《ぬの》をす。斉《さい》すれば必《かなら》ず食《しょく》を変《へん》ず。居《お》れば必《かなら》ず坐《ざ》を遷《うつ》す。

八

ご飯は、いくら精米しても構わない。膾《なます》は、いくら細かくてもかまわない。ご飯が腐って味が変わったり、魚がいたんで身がくずれたら、食べない。

色が悪くなったら食べない。臭ったら食べない。よく煮てないものは食べない。季節はずれのものは食べない。

切りかたがよくないものは食べない。それぞれの薬味がついていなければ、食べない。肉の量が、主食より多くならないようにする。

酒だけは、制限はないが、乱れる程は飲まない。買った酒や町の乾物は食べない。

しょうがは、そのまま食べるが、食べすぎない。

主君の祭には、肉はその日のうちに始末する。家の祭の肉は、二日以内に始末し、三日過ぎた

食《し》は精《せい》を厭《いと》わず。膾《かい》は細《さい》を厭《いと》わず。食《し》の饐《い》して餲《あい》せる、魚《うお》の餒《あざ》れて肉《にく》の敗《やぶ》れたるは食《くら》わず。色《いろ》の悪《あ》しきは食《くら》わず。臭《にお》いの悪《あ》しきは食《くら》わず。飪《じん》を失《うしな》えるは食《くら》わず。時《とき》ならざるは食《くら》わず。割《きりめただ》正しからざれば食《くら》わず。其《そ》の醤《しょう》を得《え》ざれば食《くら》わず。肉《にくおお》多しと雖《いえど》も、食《し》の気《き》に勝《か》たしめず。惟酒《ただざけ》は量《りょう》なけれども、乱《らん》に及《およ》ばず。沽《か》える酒市《さけか》える脯《ほじし》は食《くら》わず。薑《はじかみ》を撤《さ》らずして食《くら》う。多《おお》く食《くら》わず。公《こう》に祭《まつ》れば肉《にく》を宿《しゅく》せず。祭《まつり》の肉《にく》は三日《みっか》を出《い》ださず。三日《みっか》を

ら食べない。
食べる時は、話をしない。寝たら、話さない。
粗末なご飯やお総菜でも、必ず祭をされ、潔斎の時のようにされた。

出《い》だせば之《これ》を食《くら》わず。食《くら》うに語《かた》らず。寝《い》ぬるに言《ものい》わず。蔬《そ》食菜羹《しさいこう》と雖《いえど》も必《かなら》ず祭《まつ》る。必《かなら》ず斉如《せいじょ》たり。

食不厭精。膾不厭細。食饐而餲、魚餒而肉敗、不食。色悪不食。臭悪不食。失飪不食。不時不食。割不正不食。不得其醤不食。肉雖多、不使勝食気。惟酒無量、不及乱。沽酒市脯不食。不撤薑食。不多食。祭於公、不宿肉。祭肉不出三日。出三日、不食之矣。食不語。寝不言。雖蔬食菜羹必祭。必斉如也。

九

席がきちんとしていないと、座られなかった。

席正《せきただ》しからざれば坐《ざ》せず。

席不正不坐。

一〇

近所の人々と酒を飲む時は、杖をついた老人が退出してから、帰られた。近所の人が、鬼やらいの祭をする時は、礼服をおめしになり東の階段に立たれた。

郷人《きょうじん》の飲酒《いんしゅ》に、杖者《じょうしゃ》出ずれば斯《ここ》に出《い》ず。郷人《きょうじん》の儺《だ》には朝服《ちょうふく》して阼階《そかい》に立《た》つ。

郷人飲酒、杖者出斯出矣。郷人儺、朝服而立於阼階。

一一

使いを他国へ遣わす時は、再拝してから送り出した。康子《こうし》が薬をさしあげると、拝してから受け取り、「わたしは、確かめていないので、あとでいただきます」といわれた。

人《ひと》を他邦《たほう》に問《と》わしむれば、再《さい》拝《はい》して之《これ》を送《おく》る。康子《こうし》薬《くすり》を饋《おく》る。拝《はい》して之《これ》を受《う》く。曰《いわ》く、「丘未《きゅういま》だ達《たつ》せず、敢《あ》えて嘗《な》めず」。

問人於他邦、再拝而送之。康子饋薬。拝而受之。曰、丘未達、不敢嘗。

一二

厩《うまや》が焼けた。先生は役所から帰られて、「怪我人はいなかったか」といわれて、馬のことは尋ねなかった。

厩《うまや》焚《や》けたり。子《し》、朝《ちよう》より退《しりぞ》く。曰《いわ》く、「人《ひと》を傷《そこな》えるか」と。馬《うま》を問《と》わず。

厩焚。子退朝、曰、傷人乎。不問馬。

一三

主君から食事を賜った時は、必ずきちんと席につかれ、まず毒味をした。主君から生の肉を賜った時は、必ず煮てから供えた。主君から生き物を賜った時は、必ず飼っておいた。主君に陪食する時は、主君がお祭されると、(毒味のつもりで)先にいただいた。病気の時に、主君がお見舞にいらしたら、頭を東に向けて朝服をかけ広帯を乗せた。主君から招集されたら、馬を繋ぐのも待たずに出発した。

君《きみ》、食《しょく》を賜《たま》えば、必《かなら》ず席《せき》を正《ただ》しくして先《ま》ず之《これ》を嘗《な》む。君《きみ》、腥《せい》を賜《たま》えば、必《かなら》ず熟《じゅく》して之《これ》を薦《すす》む。君《きみ》、生《せい》を賜《たま》えば必《かなら》ず之《これ》を畜《やしな》う。君《きみ》に侍食《じしょく》するに、君《きみ》祭《まつ》れば先《ま》ず飯《はん》す。疾《や》むに、君《きみ》之《これ》を視《み》れば、東首《とうしゅ》して朝服《ちょうふく》を加《くわ》え紳《しん》を拖《ひ》く。君命《きみめい》じて召《め》せば、駕《が》を俟《ま》たずして行《ゆ》く。

君賜食、必正席先嘗之。君賜腥、必熟而薦之。君賜生、必蓄之。侍食於君、君祭先飯。疾、君視之、東首、加朝服拖紳。君命召、不俟駕行矣。

一四　（魯国の始祖である周公を祭る）大廟《たいびょう》に入られて、一つ一つ尋ねられた。

入大廟、毎事問。

大廟《たいびょう》に入《い》りて、事毎《ことごと》に問《と》う。

▼八佾篇第十五条に既出。

一五　友だちが亡くなって身寄りがない時は、「お葬式まで、遺骸を預かります」といわれた。友だちからの贈り物は、車や馬（のように貴重な物）でも、お祭の肉でない限り拝をしなかった。

朋友死、無所帰。曰、於我殯。朋友之饋、雖車馬、非祭肉不拝。

朋友《ほうゆう》死《し》して帰《き》する所《ところ》なし。曰《いわ》く、「我《われ》に於《お》いて殯《ひん》せん」。朋友《ほうゆう》の饋《おくりもの》は車馬《しゃば》と雖《いえど》も、祭《さい》肉《にく》に非《あら》ざれば拝《はい》せず。

一六

寝る時は、死人のような形をせず、家にいる時は、儀式ばらない。斉衰《しさい》（おもい喪服）の人に会ったら、親しい人でも必ず姿勢を正した。冕《べん》（礼式の時の冠）をつけた人や盲目の人に会ったら、普段でも必ず表情に示した。喪服の人には、車の前の横木に寄りかかり、戸籍簿を背負っている人にも、車の前の横木に寄りかかった。立派なご馳走を出されたら、必ず顔つきを改めて立たれた。雷や風はひどく激しい時も、必ず顔つきを改められた。

寝《い》ぬるに尸《し》せず。居《お》るに容《かたち》つくらず。斉衰《しさい》の者《もの》を見《み》れば、狎《な》れたりと雖《いえど》も必《かなら》ず変《へん》ず。冕《べん》者《しゃ》と瞽者《こしゃ》とを見《み》れば、褻《せつ》と雖《いえど》も必《かなら》ず貌《ぼう》を以《もっ》てす。凶服《きょうふく》の者《もの》には之《これ》に式《しょく》す。負版《ふはん》の者《もの》に式《しょく》す。盛饌《せいせん》あれば、必《かなら》ず色《いろ》を変《へん》じて作《た》つ。迅雷風烈《じんらいふうれつ》には必《かなら》ず変《へん》ず。

寝不尸。居不容。見斉衰者、雖狎必変。見冕者与瞽者、雖褻必以貌。凶服者式之。式負版者。有盛饌、必変色而作。迅雷風烈必変。

一七

車に乗る時は、必ず正しく立って綏《すい》（安定するためにつかまる綱）を握り、車の中では、キョロキョロしない。あわてた話し方もしない。また、自分で指指《さ》したりしない。

車《くるま》に升《のぼ》るには必《かなら》ず正立《せいりゆう》して綏《すい》を執《と》る。車中《しやちゆう》にては内顧《ないこ》せず。疾言《しつげん》せず。親指《しんし》せず。

升車、必正立執綏。車中、不内顧。不疾言。不親指。

一八

鳥は人の顔つきのけわしいのを見ると、飛び立つ。翔んだのちに落ち着く。「山の橋の雌雉も時節だな、時節だな」と孔子がいわれた。子路が供えたが、孔子は三度その匂いをかいで、席を立った。

色《いろ》のままに斯《ここ》に挙《あ》がり、翔《かけ》て後《のち》に集《あつ》まる。曰《いわ》く、「山梁《さんりよう》の雌雉《しち》、時《とき》なるかな、時《とき》なるかな」。子路《しろ》之《これ》に共《むか》う。三《み》たび嗅《か》いて作《た》つ。

色斯挙矣、翔而後集。曰、山梁雌雉、時哉時哉。子路共之。三嗅而作。

先進《せんしん》第十一

一

子曰《しいわ》く、先進《せんしん》の礼楽に於《お》けるは野人《やじん》なり。後進《こうしん》の礼楽に於けるは君子なり。如《も》し之《これ》を用《もち》うれば、則《すなわ》ち吾は先進に従わん。

子曰、先進於礼楽、野人也。後進於礼楽、君子也。如用之、則吾従先進。

先生がいわれた。
「先輩は、礼楽《れいがく》では粗野な田舎者だが、後輩は、礼楽に洗練している君子《くんし》だ。しかし、礼楽を実践するとしたら、わたしは、先輩に従う」

▼礼楽に洗練している君子は、立居振舞は荘重美麗ではあるが、形式的儀礼のみで誠実さが欠けているかもしれない。その点、外見は上品ではなくとも、人間味あふれる田舎者の実直な生きかたに賛成するという。

二　先生がいわれた。
「わたしと一緒に陳《ちん》や蔡《さい》に旅した者は、もう一人も身近にいない」

徳行《とくこう》では、顔淵《がんえん》（回《かい》）・閔子騫《びんしけん》・冉伯牛《ぜんはくぎゅう》・仲《ちゅう》弓《きゅう》。言語では宰我《さいが》・子貢《しこう》。政事では、冉有《ぜんゆう》・季《き》路《ろ》。文学では、子游《しゆう》・子夏《しか》。

子曰く、

「我に陳蔡《ちんさい》に従う者は皆《みな》門に及ばず」。

徳行には顔淵・閔子騫・冉伯牛・仲弓。言語には宰我・子貢。政事には冉有・季路。文学には子游・子夏。


子曰、従我於陳蔡者、皆不及門也。徳行、顔淵・閔子騫・冉伯牛・仲弓。言語、宰我・子貢。政事、冉有・季路。文学、子游・子夏。

三

先生がいわれた。
「顔回《がんかい》は、（疑問を述べてわたしが考えることを）補助してくれる人ではない。しかし、わたしのいうことを、何でもよろこんで聞いていた」

子曰、回也非助我者也。於吾言、無所不説。

子曰く、
回や我《われ》を助《たす》くる者にあらざるなり。吾《わ》が言《げん》に於《お》いて説《よろこ》ばざる所なし。

四

先生がいわれた。
「孝行者だね、閔子騫《びんしけん》は。閔子騫の両親や兄弟が、彼のことを孝行者だといった時に、誰もいちゃもんをつけないのだから」

子曰、孝哉閔子騫。人不間於其父母昆弟之言。

子曰く、
孝《こう》なるかな閔子騫。人《ひと》其《そ》の父母昆弟《こんてい》の言《げん》を間《かん》せず。

五

南容《なんよう》は、白圭《はくけい》の詩（「ましろき玉の欠けたるは、なお磨くべし、ことばの欠けたるは、為《おさ》むべからず」『詩経《しきょう》』大雅《たいが》・抑《よく》篇）を、一日に三度口誦した。孔子は、自分のお兄さんのお嬢さんと、南容を結婚させた。

南容三復白圭。孔子以其兄之子妻之。

南容三《み》たび白圭を復《ふく》す。孔子其《そ》の兄の子を以《もっ》て之《これ》に妻《めあ》わす。

六

季康子《きこうし》がたずねた。

「弟子のうちで誰が学問好きだといえますか」

孔子が答えていわれた。

「顔回《がんかい》という者がおりまして、学問が好きでしたが、不幸にも若くして亡くなってしまい、今ではもういません」


季康子問う、「弟子《ていし》孰《た》れか学《がく》を好《この》むとなす」。

孔子対《こた》えて曰く、「顔回という者あり。学を好む。不幸短命にして死せり。今や則《すなわ》ち亡《な》し」。


季康子問、弟子孰為好学。孔子対曰、有顔回者。好学。不幸短命死矣。今也則亡。

七

顔淵《がんえん》（回）が死んだ時、顔淵の父の顔路《がんろ》が、お棺の外枠にしたいので、先生の車をいただきたい（それを売って費用にあてる）と、先生に願い出た。

先生がいわれた。

「才能があるとかないとかいっても、それぞれわが子を思ってのことである。わたしの息子の鯉《り》が死んだ時、お棺はあったが外枠はなかった。わたしは、車を売って徒歩で出かけてまでも、お棺の外枠を作ろうとはしなかった。わたしも大夫《たいふ》のはしくれであるから、徒歩で出かけるわけには行かなかったのだ」

顔淵死す。顔路、子《し》の車を請《こ》うて之《これ》が椁《かく》を為《つく》らんとす。

子曰く、

「才《さい》も不才《ふさい》も亦《ま》た各《おのおの》其《そ》の子を言うなり。鯉や死せしとき棺ありて椁なかりき。吾《われ》、徒《と》行《こう》して以《もっ》て之が椁を為《つく》らず。吾、大夫《たいふ》の後《しりえ》に従うを以て徒行すべからざればなり」。

顔淵死。顔路請子之車、以為之椁。子曰、才不才、亦各言其子也。鯉也死、有棺而無椁。吾不徒行以為之椁。以吾従大夫之後、不可徒行也。

八

顔淵《がんえん》が亡くなった。
先生が嘆かれた。
「ああ、天はわたしを滅ぼした、天はわたしを滅ぼした」
顔淵死す。
子曰く、
噫《ああ》、天予《てんわれ》を喪《ほろ》ぼせり。天予を喪ぼせり。
顔淵死。子曰、噫、天喪予、天喪予。

九

顔淵が亡くなった。先生は悲しみのあまり慟哭《どうこく》された。おつきの者が申し上げた。

「先生は慟哭されましたね」

先生が答えられた。

「慟哭していたか。彼のために慟哭しないとしたら、一体誰のためにするのだ」


顔淵死す。子之《しこれ》を哭《こく》して慟《どう》す。

従者曰く、「子慟せり」。

曰く、

「慟することあるか。かの人の為《ため》に慟するに非《あら》ずして誰が為にせん」。


顔淵死。子哭之慟。従者曰、子慟矣。曰、有慟乎。非夫人之為慟而誰為。

一〇

顔淵が亡くなった時、孔子《こうし》の門人《もんじん》たちは、手厚く葬りたいと思った。

先生がいわれた。

「それはいけない」

しかし、門人たちは手厚く葬ってしまった。

先生がいわれた。

「回《かい》（顔淵）は、わたしを父のように慕ってくれた。それなのに、わたしはわが子のように葬ってやれなかった。わたしのせいではない、門人たちがいけないのだ」


顔淵死す。

門人厚《あつ》く之《これ》を葬《ほうむ》らんと欲《ほっ》す。

子曰く、「不可《ふか》なり」。

門人厚く之を葬る。

子曰く、「回《かい》や予《われ》を視《み》ること猶《な》お父のごとし。予視ること猶お子のごとくするを得《え》ず。我《われ》にあらざるなり。かの二三《にさん》子《し》なり」。


顔淵死。門人欲厚葬之。子曰、不可。門人厚葬之。子曰、回也、視予猶父也。予不得視猶子也。非我也。夫二三子也。

一二

季路《きろ》が、鬼神《きしん》をお祭りする理由をたずねた。

先生が答えられた。

「まだ人に仕《つか》えることもできないのに、どうして鬼神に仕えることができようか」

さらに、死についてたずねると、先生が答えられた。

「生きることさえまだわからないのに、死ぬことがわかろうか」

季路、鬼神に事《つか》うることを問う。

子曰く、

「未《いま》だ人に事うること能《あた》わず。焉《いずく》んぞ能《よ》く鬼《き》に事えん」。

敢《あ》えて死を問う。曰く、

「未だ生《せい》を知らず、焉んぞ死を知らん」。

季路問事鬼神。子曰、未能事人。焉能事鬼。敢問死。曰、未知生。焉知死。

一二

先生のおそばにいる者たちのうち、閔子《びんし》はにこやかにしていたし、子路《しろ》はいかつくしており、冉有《ぜんゆう》と子貢《しこう》はきびきびしていたので、先生は楽しんでおられた。

先生がいわれた。

「由《ゆう》（子路）のような男は、普通の死に方はできないかもしれないな」

閔子側《かたわ》らに侍《じ》す。誾誾如《ぎんぎんじょ》たり。子路行行《こうこう》如たり。冉有・子貢侃侃《かんかん》如たり。子楽《し》しむ。由《ゆう》の如《ごと》きは其《そ》の死然《しか》るを得《え》ず。

閔子侍側。誾誾如也。子路、行行如也。冉有・子貢、侃侃如也。子楽。若由也、不得其死然。

一三

魯《ろ》の人が道具を入れる倉庫を作った時、閔子《びんし》騫《けん》がいった。

「前のままでいいではないですか。わざわざ作り直すこともないのに」

先生がいわれた。

「彼（閔子騫）は、滅多にものをいわない。いう時には必ず的を射るね」

魯人《ろひと》長府《ちょうふ》を為《つく》る。

閔子騫曰く、

「旧貫《きゅうかん》に仍《よ》らば之《これ》を如何《いかん》。何《なん》ぞ必ずしも改め作らん」。

子曰く、

「夫《か》の人《ひと》言《い》わず、言えば必ず中《あた》ることあり」。

魯人為長府。閔子騫曰、仍旧貫如之何。何必改作。子曰、夫人不言、言必有中。

一四

先生がいわれた。

「由《ゆう》（子《し》路《ろ》）は、どうしてわたしの所で瑟《しつ》を弾くのだろう（まだ音色が殺伐《さつばつ》としているというのに）」

すると、門人たちが、子路を尊敬しなくなった。そこで、先生がいわれた。

「由は、今、堂にのぼってはいるのだが、まだ室に入っていないだけだよ」

子曰く、

「由の瑟、奚為《なん》ぞ丘《きゅう》の門に於《お》いてする」。

門人《もんじん》、子路を敬《けい》せず。

子曰く、

「由や堂に升《のぼ》れり、未《いま》だ室《しつ》に入《い》らず」。

子曰、由之瑟、奚為於丘之門。門人不敬子路。子曰、由也升堂矣。未入於室也。

▼学芸のレベルを、入門・升堂・入室にたとえて表現する。入門とは、文字通りそれを学習するために師の門をくぐること。入室とは、奥座敷に入ることであって奥義を極めること。升堂はその中間だが、相当に熟達してはいるがいまだ究極に至っていないこと。入室はめったに許されないから、升堂は高い評価を示す。

一五　子貢《しこう》がたずねた。
「師《し》（子張）と商《しょう》（子夏）とでは、どちらが賢いでしょうか」

先生が答えられた。

「師は行き過ぎている。商は物足りない」

子貢「では、師が勝っているのですか」

先生「行き過ぎるのは、物足りないのと同じだ」


子貢問う、「師と商とは孰《いず》れか賢《まさ》れる」。子曰く、「師は過ぎたり。商は及ばず」。曰く、「然《しか》らば則《すなわ》ち師愈《まさ》るか」。子曰く、「過ぎたるは猶《な》お及ばざるが如《ごと》し」。

子貢問、師与商也孰賢。子曰、師也過、商也不及。曰、然則師愈与。師曰、過猶不及。

一六

季氏《きし》は周公《しゅうこう》より富んでいた。それなのに、求《きゅう》（冉有《ぜんゆう》）は、季氏のために税金を取り立て、季氏の富を増やすのに加担した。

先生がいわれた。

「彼は、われわれの仲間ではない。君たち、太鼓を鳴らして彼を責めたらよい」

季子富於周公。而求也為之聚斂而附益之。子曰、非吾徒也。小子鳴鼓而攻之、可也。

季子《きし》、周公より富めり。而《しか》るにて求や之《これ》がために聚斂《しゅうれん》して之を附益《ふえき》す。

子曰く、

「吾《わ》が徒《と》に非《あら》ず。小子《しょうし》鼓《つづみ》を鳴らして之を攻《せ》めて可《か》なり」。

一七

柴《さい》（高子羔《こうしこう》）は愚かで、参《しん》（曽参）は鈍い。師《し》（子張）は口が上手く、由《ゆう》（子路）はがさつである。

柴也愚。参也魯。師也辟。由也喭。

柴や愚《ぐ》。参や魯《ろ》。師や辟《へき》。由や喭《がん》。

一八

先生がいわれた。「回《かい》（顔淵《がんかい》）は、まあ道に近いね、よくからっぽになる。賜《し》（子貢《しこう》）は、天命《てんめい》に満足せず金儲けをよく考え、予想したことはよく当たった」

子曰く、回や其れ庶《ちか》きか。屢《しばし》ば空《むな》し。賜は命《めい》を受けずして貨殖《かしょく》す。億《おもんぱか》れば則《すなわ》ち屢ば中《あた》る。

子曰、回也其庶乎。屢空。賜不受命、而貨殖焉。億則屢中。

一九

子張《しちょう》が善人の道（生き方）についておたずねした。先生が答えられた。「しきたり通りにはしないが、聖人の室《しつ》に入りもしない」

子張、善人の道を問う。子曰く、「迹《あと》を踐《ふ》まず。亦《ま》た室《しつ》に入《い》らず」。

子張問善人之道。子曰、不踐迹。亦不入於室。

▼室に入らず——人間としての究極の生き方をしようとしない。

二〇

先生がいわれた。

「話しぶりが篤実だという点をとりあげると、その人は君子といえるだろうか、それとも、うわべだけの人であろうか」

子曰、論篤是与、君子者乎、色荘者乎。

子曰く、論篤《ろんとく》に是《こ》れ与《くみ》せば、君子の者か、色荘《しきそう》の者か。

二一

子路《しろ》がおたずねした。

「聞いたらすぐに実行すべきですか」

先生がいわれた。

「父兄がおられるのに、どうしてすぐに行なえようか」

冉有《ぜんゆう》がおたずねした。

「聞いたらすぐに実行すべきですか」

先生がいわれた。

「聞いたらすぐに行ないなさい」

公西華《こうせいか》がおたずねした。

「由《ゆう》（子路）が『聞いたらすぐに実行すべきですか』とお伺いしたら、先生は『父兄がおられるのに…』と答えられました。求《きゅう》（冉有）

子路問う、「聞くままに斯《こ》れ諸《これ》を行わんか」。

子曰く、

「父兄の在《あ》るあり。之《これ》を如何《いかん》ぞ其《そ》れ聞くままに斯れ之を行わん」。

冉有問う、「聞くままに斯れ諸を行わんか」。

子曰く、

「聞くままに斯れ諸を行え」。

公西華曰く、「由や問う、『聞くままに斯れ諸を行わんか』と。子曰く、『父兄の在るあ

が『聞いたらすぐに実行すべきですか』とお伺いしたら、先生は『聞いたらすぐに行ないなさい』と、お答えになられました。わたしには訳がわかりません。お教えください」

先生がいわれた。

「求は引っ込み思案なので、促したのだし、由は出しゃばるから、おさえたのだよ」

り』と。求や問う、『聞くままに斯れ諸を行わんか』と。

子曰く、『聞くままに斯れ之を行え』と。赤《せき》や惑《まど》う、敢《あ》えて問う」。

子曰く、

「求や退《しりぞ》く、故《ゆえ》に之を進む。由や人を兼《か》ぬ、故に之を退く」。

子路問、聞斯行諸。子曰、有父兄在、如之何其聞斯行之。冉有問、聞斯行諸。子曰、聞斯行諸。公西華曰、由也問、聞斯行諸。子曰、有父兄在。求也問、聞斯行諸。子曰、聞斯行之。赤也惑、敢問。子曰、求也退、故進之。由也兼人、故退之。

二三

先生が匡《きょう》で危険な目に遭われた時、顔淵《がんえん》が遅れて来た。

先生「わたしは、君が死んだかと思ったよ」

顔淵「先生がいらっしゃるのに、わたしが死んだりするものですか」

子《し》、匡に畏《い》す。顔淵後《おく》る。

子曰く、「吾《われ》女《なんじ》を以《もっ》て死せりとなす」。

曰く、「子在《いま》す。回何《かいなん》ぞ敢《あ》えて死せん」。

子畏於匡。顔淵後。子曰、吾以女為死矣。曰、子在。回何敢死。

二三

季子然《きしぜん》（季氏《きし》の子弟）がおたずねした。
「仲由《ちゅうゆう》と冉求《ぜんきゅう》は、重臣といえますか」
先生「わたしは、もっと変わったことをおたずねになるかと思いましたが、何と由や求のことをおたずねになるのですか。重臣というものは、道に基づいて君にお仕《つか》えし、それが通らなければ、やめるものです。由や求などは、形ばかりの家来でしょう」
季子然「すると、二人は季氏のいいなりですか」
先生「いや、父や君を殺すような者に従うことはありません」

季子然問う、「仲由・冉求は大臣と謂《い》うべきか」。子曰く、「吾《われ》、子《し》を以《もっ》て異《い》をこれ問うとなす。曾《すなわ》ち由と求とをこれ問う。所謂《いわゆる》大臣は道を以て君に事《つか》え、不可なれば則《すなわ》ち止《や》む。今由と求とは具臣《ぐしん》と謂うべし」。曰く、「然《しか》らば則《すなわ》ち之に従う者か」。子曰く、「父と君とを弑《しい》せんには亦《ま》た従わざるなり」。

季子然問、仲由・冉求可謂大臣与。子曰、吾以子為異之問。曾由与求之問。所謂大臣者、以道事君、不可則止。今由与求也、可謂具臣矣。曰、然則従之者与。子曰、弑父与君、亦不従也。

二四 子路《しろ》が、子羔《しこう》を費《ひ》の町の宰《さい》にした。先生がいわれた。

「あの若者を損《そこ》なってしまうが…」

子路「人民もあることですし、社稷《しゃしょく》もあることです。本を読むばかりが学問といえましょうか」

先生「すぐそれだから、口先の上手な人間は嫌いなのだ」

子路、子羔をして費の宰たらしむ。子曰く、「夫《か》の人の子を賊《そこな》う」。子路曰く、「民人《みんじん》あり。社稷あり。何《なん》ぞ必ずしも書を読みて然《しか》る後《のち》に学《がく》となさん」。子曰く、「是《こ》の故《ゆえ》に夫の佞者《ねいしゃ》を悪《にく》む」。

子路使子羔為費宰。子曰、賊夫人之子。子路曰、有民人焉。有社稷焉。何必読書、然後為学。子曰、是故悪夫佞者。

▼本来なら、学問が進んでから政治にたずさわるのが望ましい。子羔は年若くまだ学問が未熟であるのに、にわかに政治をとらせると将来性をだめにしてしまうと考えて、孔子は批判した。それを、口先でごまかそうとした子路を責めている。

二五

子路《しろ》・曽晳《そうせき》（曽参の父）・冉有《ぜんゆう》・公西華《こうせいか》が、先生のおそばにいた。

先生がいわれた。

先生「わたしが君たちより少し年上だからといって気にしないように。諸君はいつも『自分を理解してくれない』といっているが、もし誰か君たちを理解してくれたとしたら、何をするかね」

子路がいきなりお答えした。

子路「千乗《せんじよう》の国が大国のまんなかにはさまり、軍隊が入ってきたり、飢饉が重なってくるといたしましても、このわたくしがやりましたら、三年もしたら、必ず勇気もあるし正義に向かうようにすることができます」

先生はほほえまれた。

子路・曽晳・冉有・公西華侍《じ》坐《ざ》す。

子曰く、

「吾《わ》が一日爾《なんじ》より長《ちよう》ずるを以《もつ》て、吾《われ》を以てする毋《なか》れ。居《お》れば則《すなわ》ち曰く、『吾《われ》を知らざるなり』と。如《も》し爾を知るものあらば則ち何を以てするか」。

子路率爾《そつじ》として対《こた》えて曰く、

「千乗の国、大国の間に摂《はさ》まれ、之《これ》に加うるに師旅《しりよ》を以てし、之に因《よ》るに饑饉《ききん》を以てせんに、由や之を為《おさ》めて、三年に及ぶ比《ころ》、勇あり且《か》つ方《ほう》を知らしむべし」。

先生「求《きゅう》（冉有）君はどうかな」とたずねられた。
冉有がお答えした。
冉有「六、七十里四方の小さい国、または五、六十里四方のもっと小さい国を、このわたくしがおさめましたら、三年もしたら、人民に不足のないようにすることができます。ただ礼楽などになりますと、それは君子にお願いいたします」
先生「赤《せき》（公西華）君はどうかな」
公西華がお答えした。
公西華「できるというわけではございませんが、習いたいことがございます。宗廟《そうびょう》（祭）のことや、会同《かいどう》などに端《たん》（礼服）・章甫《しょうほ》（礼式の冠）を身につけて、ちょっとしたお手伝い役になりたいものです」

夫子《ふうし》之を哂《わら》う。

「求、爾は如何《いかん》」

対えて曰く、「方《ほう》六七十、如《も》しくは五六十。求や之を為めて、三年に及ぶ比、民を足らしむべし。其の礼楽の如《ごと》きは以て君子を俟《ま》たん」。

「赤、爾は如何」。

対えて曰く、「之《これ》を能《よ》くすと曰うに非《あら》ず。願わくは学ばん。宗廟の事如《も》しくは会同に、端章甫し、願わくは小相《しょうそう》とならん」。

「点、爾は如何」。

瑟を鼓《ひ》くこと希《まれ》なり。鏗爾《こうじ》と

先生「点《てん》（曽皙）君はどうかな」

　皆から離れて瑟《しつ》を弾いていたが、コトンと瑟を置いて立ち上がり、お答えした。

曽皙「三人とは違いますが」

先生「さしつかえないよ。自分の抱負を述べるだけだから」

曽皙「春の暮れかた、春着を整えて、五、六人の青年や六、七人の少年たちと、沂《き》（魯の郊外の温泉地）で湯あみをし、舞雩《ぶう》で夕涼みをして、歌を歌いながら帰るといたしましたら……」

　先生はことのほか感歎されて、

「わたしは点に賛成だよ」

　三人が退室し曽皙が残った。

曽皙「あの三人のいったことはどうなのでしょう

して瑟を舎《お》きて作《た》ち、対えて曰く、「三子者《さんししゃ》の撰《せん》に異なれり」。子曰く、「何ぞ傷《いた》まんや。亦《ま》た各《おのおの》其の志を言うなり」。曰く、「暮春《ぼしゅん》には春服《しゅんぷく》既に成り、冠者《かんじゃ》五六人、童子《どうじ》六七人、沂に浴し、舞雩に風《ふう》し、詠《えい》じて帰らん」。夫子《ふうし》喟然《きぜん》として歎じて曰く、「吾は点に与《くみ》せん」。三子者出づ。曽皙後る。曽皙曰く、「夫《か》の三子者の言《げん》如何」。子曰く、

か」

先生「ただ各自、自分の抱負を述べただけのことだよ」

曽皙「先生はなぜ由（子路）のことをお笑いになったのですか」

先生「国を治めるには礼が欠かせないのに、そのいいぶりが不躾だから笑ったのだよ」

曽皙「では、求のは邦《くに》ではないのですか」

先生「四方が六、七十里や五、六十里あって、邦でないものなどあろうはずがない」

曽皙「では、赤のは邦じゃないのですか」

先生「宗廟や会同は諸侯に関することであるから、あの赤がちょっとしたものになるなら、誰が大きな役になれよう」

「亦た各其の志を言うのみ」。

曰く、「夫子何ぞ由を哂えるや」。

曰く、「国を為むるに礼を以てす。其の言譲らず。是の故に之を哂う」。

「唯だ求は則ち邦に非ざるか」。

「安《いずく》んぞ方六七十如しくは五六十にして邦に非ざる者を見ん」。

「唯《ただ》赤は則ち邦に非ざるか」。

「宗廟会同は諸侯に非ずして何ぞ。赤や之が小《しょう》とならば、孰《たれ》か能《よ》く之が大《だい》たらん」。

子路・曽晳・冉有・公西華侍坐。子曰、以吾一日長乎爾、毋吾以也。居則曰、不吾知也。如或知爾、則何以哉。子路率爾而対曰、千乗之国、摂乎大国之間。加之以師旅、因之以饑饉、由也為之、比及三年、可使有勇且知方也。夫子哂之。求爾何如。対曰、方六七十、如五六十、求也為之、比及三年、可使足民。如其礼楽、以俟君子。赤爾何如。対曰、非曰能之。願学焉。宗廟之事、如会同、端章甫、願為小相焉。点爾何如。鼓瑟希、鏗爾舎瑟而作、対曰、異乎三子者之撰。子曰、何傷乎。亦各言其志也。曰、暮春者、春服既成、冠者五六人、童子六七人、浴乎沂、風乎舞雩、詠而帰。夫子喟然歎曰、吾与点也。三子者出。曽晳後。曾晳曰、夫三子者之言何如。子曰、亦各言其志也已矣。曰、夫子何哂由也。曰、為国以礼。其言不譲。是故哂之。唯求則非邦也与。安見方六七十如五六十而非邦也者。唯赤則非邦也与。宗廟会同、非諸侯而何。赤也為之小、孰能為之大。

顔淵《がんえん》第十二

一

顔淵《がんえん》（回《かい》）が、仁のことをたずねた。

先生がいわれた。

「自分の私欲に打ち克って、礼に戻るのが、仁である。一日、自分に打ち克って礼に戻れたら、天下の人は皆、仁に向かう。仁を行なうのは、自分の力である。人任せにしておけようか」

顔淵「では、その実践細目をお教えください」


顔淵、仁を問う。

子曰《しいわ》く、

「己に克《か》ち礼に復《かえ》るを仁と為《な》す。一日己に克ち礼に復れば天下仁を帰す。仁を為すこと己に由《よ》る、人《じん》に由らんや」。

顔淵曰く、

「其の目《もく》を請い問う」。

先生「礼にはずれたものは、見ないように、
礼にはずれたものは、聞かないように、
礼にはずれたことは、言わないように、
礼にはずれたことでは、動かないように」
顔淵「わたくしは、愚か者ですが、そのお言葉どおり実行したいと思います」

子曰く、
「礼に非《あら》ざれば視《み》ること勿《なか》れ。
礼に非ざれば聴《き》くこと勿れ。
礼に非ざれば言うこと勿れ。
礼に非ざれば動くこと勿れ」。
顔淵曰く、「回、不敏《ふびん》と雖《いえど》も、
請《こ》う斯《こ》の語《ご》を事《こと》とせん」。

顔淵問仁。子曰、克己復礼為仁。一日克己復礼、天下帰仁焉。為仁由己。而由人乎哉。顔淵曰、請問其目。子曰、非礼勿視。非礼勿聴。非礼勿言。非礼勿動。顔淵曰、回雖不敏、請事斯語矣。

▼前半の問答は仁を実践する原則。後半の問答はその細目。朱子学では、実践倫理の綱目を端的に示すものとして極めて重視した語録である。礼とは社会規範をいう。そのことを朱子は「天理の節文」と説明している。社会規範の根拠を天理

に求めて普遍妥当性を主張した。実践する主体は「己れ」であり「人」（他人）ではない。あくまでも自己の責任と努力に由る、という。しかし、その「己れ」は私が本来は完全に善であるからこそ自力で実践できるのだが、現実の「己れ」は私欲におおわれているので、それにうちかって、本来の仁を回復しなければならないという。問答の中に出てくる「己れ」を、一つは本来性としての自己、もう一つを現実態の自己と分けて解釈するのは、朱子の実践倫理学がそうさせたのである。後の問答にのべる細目は、社会規範＝礼に合致しないことは、視たり聴いたり動いたり言ったりしないことだという。「四勿《しこつ》主義」ともいう。

二

仲弓《ちゅうきゅう》が、仁《じん》のことをたずねた。

先生がいわれた。

「外で人に接する時は、大切なお客さまにお会いするようにする。人々を使う時は、お祭を行なうかのようにする。自分がやりたくないことは、人に押しつけない。国にいても人に恨まれることがない。家にいても恨まれることがない」

仲弓がいった。

「わたくしは、愚か者ですが、そのお言葉どおり、実行したいと思います」


仲弓、仁を問う。

子曰く、

「門を出づれば大賓《たいひん》を見るが如くし、民を使うには大祭《たいさい》を承《う》くるが如《ごと》くせよ。己の欲せざる所は人に施すこと勿《なか》れ。邦《くに》に在《あ》りても怨みなく、家に在りても怨みなし」。

仲弓曰く、

「雍《よう》、不敏《ふびん》と雖《いえど》も、請《こ》う斯《こ》の語を事とせん」。


仲弓問仁。子曰、出門如見大賓、使民如承大祭。己所不欲、勿施於人。在邦無怨、在家無怨。仲弓曰、雍雖不敏、請事斯語矣。

三

司馬牛《しばぎゅう》が、仁のことをたずねた。

先生がいわれた。

「仁の人は、言いたいことを控えるものだ」

司馬牛「言いたいことを控えるだけで、仁といえますか」

先生「行なうことがむずかしいとわきまえれば、発言も控えないわけにはいくまい」

司馬牛、仁を問う。

子曰く、

「仁者《じんしゃ》は其《そ》の言《げん》や訒《しの》ぶ」。

曰く、「其の言や訒ぶ、斯《こ》れ之《これ》を仁と謂《い》うか」。

子曰く、

「之を為《な》すこと難《かた》し。之を言うこと訒ぶ無きを得んや」。

司馬牛問仁。子曰、仁者其言也訒。曰、其言也訒、斯謂之仁已乎。子曰、為之難、言之、得無訒乎。

四　司馬牛が、君子についてたずねた。
先生「君子は、心配したり恐れたりしない」
司馬牛「心配したりせず、恐れたりもしないというだけで、君子といえますか」
先生「内省して、心にやましくなければ、一体何を心配したり、恐れたりしようか」

司馬牛、君子を問う。

子曰く、

「君子は憂《うれ》えず懼《おそ》れず」。

曰く、「『憂えず懼れず』。斯《こ》れ之《これ》を君子と謂《い》うか」。

子曰く、

「内に省《かえり》みて疚《やま》しからず。夫《そ》れ何をか憂え、何をか懼れん」。


司馬牛問君子。子曰、君子不憂不懼。曰、不憂不懼、斯謂之君子已乎。子曰、内省不疚。夫何憂何懼。

五

司馬牛が憂《うれ》えていった。

「人には皆兄弟がいるのに、わたしには兄弟がいません」

子夏がいった。

「わたしは、『死ぬにも生きるにも定めあり、富めるも貴きも天にあり』と聞いています。君子は、謹みの心を忘れることなく、人と交わる時には丁寧で礼を守りますから、世の中の人が皆兄弟となります。君子は肉親の兄弟がいないことなど気にかけません」

司馬牛憂えて曰く、

「人皆兄弟《けいてい》あり、我《われ》独り亡《な》し」。

子夏曰く、

「商《しょう》之《これ》を聞けり。『死《し》生《せい》命《めい》有《あ》り。富貴《ふうき》天に在り』と。君子敬《けい》して失うことなく、人と恭《うやうや》しくして礼あらば、四海の内、皆兄弟なり。君子何ぞ兄弟なきを患《うれ》えんや」。


司馬牛憂曰、人皆有兄弟、我独亡。子夏曰、商聞之矣。死生有命、富貴在天。君子敬而無失、与人恭而有礼、四海之内、皆兄弟也。君子何患乎無兄弟也。

六

子張が、明《めい》（見通しがきく）ということについて、たずねた。

先生「しみこんでくる陰口や、くどくどした愚痴が気にならないなら、明の人といえる。また、徐々にしみこんでくる陰口や、くどくどした愚痴が見分けられれば、見通しがきく人といえる」

子張、明を問う。
子曰く、
「浸潤《しんじゅん》の譖《そし》り、膚受《ふじゅ》の愬《うった》え、行われざるを明と謂《い》う可《べ》きのみ。浸潤の譖り、膚受の愬え行われざるを遠《えん》と謂《い》う可《べ》きのみ」。

子張問明。子曰、浸潤之譖、膚受之愬、不行焉、可謂明也已矣。浸潤之譖、膚受之愬、不行焉、可謂遠也已矣。

七

子貢《しこう》が政治のことをたずねた。

先生「食糧と軍備を十分にして、人民に信頼をもたせることだ」

子貢「やむをえず捨てなければならないとしたら、この三つのうち、何を先に捨てたらいいですか」

先生「軍備だ」

子貢「やむをえず捨てなければならないとしたら、あと二つのうち、どちらを先に捨てますか」

先生「食糧だ。昔から誰でも死はつきものだが、人民の信頼がなければ、政治は成り立たない」

子貢、政《まつりごと》を問う。子曰く、「食を足《た》し、兵を足し、民之《これ》を信ず」。子貢曰く、「必ず已《や》むことを得ずして去《す》てなば、斯《こ》の三者《さんしゃ》に於《お》いて何をか先《さき》にせん」。曰く、「兵を去てん」。子貢曰く、「必ず已むことを得ずして去てなば、斯の二者に於いて何をか先にせん」。曰く、「食を去てん。古《いにしえ》より皆死あり。民信《しん》なくば立たず」。

子貢問政。子曰、足食、足兵、民信之矣。子貢曰、必不得已而去、於斯三者何先。曰、去兵。子貢曰、必不得已而去、於斯二者何先。曰、去食。自古皆有死。民無信不立。

八

棘子成《きょくしせい》（衛の大夫）がいった。「君子は実質だけのもので、文飾などいりはしないのに」

子貢がいった。

「惜しいことだ。先生（棘子成）の君子論は、『四頭だての馬すら舌には追いつけない』（ことわざ）失言です。文飾には実質がともなうものですし、実質には文飾がともなうものです。（実質だけを論じたら）虎や豹のなめし皮は犬や羊のなめし皮と同じことになる」

棘子成曰く、

「君子は質《しつ》のみ、何ぞ文《ぶん》を以《もっ》て為《な》さん」。

子貢曰く、

「惜しいかな、夫子《ふうし》の説は君子なり。駟《し》も舌に及ばず。文は猶《な》お質の如し。質は猶お文の如《ごと》し。虎豹《こひょう》の鞟《かく》は猶お犬羊の鞟の如し」。

棘子成曰、君子質而已矣、何以文為。子貢曰、惜乎、夫子之説君子也。駟不及舌。文猶質也。質猶文也。虎豹之鞟、猶犬羊之鞟。

▼実質さえあれば文飾はいらないという棘子成に反論して、子貢は、実質と文飾は互いにそれにみあう形でともなうという。文飾を無視して実質だけで君子を論ずると、小人とのちがいがわからなくなるという。

九

哀公《あいこう》が有若《ゆうじゃく》にいった。

「実りが悪くて費用が足りないが、どうしたものか」

有若「では一割の課税にされたらいかがですか」

哀公「二割の課税でも、わしは足りないと思っているのに、どうして一割にするのか」

有若「百姓が足りるのであれば、殿さまは誰を相手に足りないのですか。もし百姓が足りないのであれば、殿さまは誰を相手に足りるのですか」

哀公、有若に問うて曰く、「年饑《としう》えて用足《ようた》らず。之《これ》を如何」。有若対《こた》えて曰く、「盍《なん》ぞ徹《てつ》せざる」。曰く、「二なれども吾《われ》猶《な》お足らず。之を如何《いかん》ぞ其《そ》れ徹せん」。対えて曰く、「百姓《ひゃくせい》足らば君《きみ》孰《たれ》と与《とも》に足らざらん。百姓足らずんば君孰と与に足らん」。

哀公問於有若曰、年饑用不足。如之何。有若対曰、盍徹乎。曰、二吾猶不足。如之何其徹也。対曰、百姓足、君孰与不足。百姓不足、君孰与足。

一〇

子張《しちょう》が、徳を高め惑《まど》いを明らかにすることについてたずねた。

先生がいわれた。

「忠《ちゅう》と信《しん》を基本にし、それで本が立ち、義《ぎ》を実践するようになっていくのが、徳を高めることだ。愛する人には生きていてほしいと思い、憎らしい人には死ねばいいと思ってしまう。それが惑いなのだ」

子張、徳を崇《たか》くし惑いを弁《わきま》えんことを問う。

子曰く、

「忠信を主とし義に従《うつ》るは、徳を崇くするなり。之《これ》を愛しては其《そ》の生きんことを欲し、之を悪《にく》んでは其の死なんことを欲す。既《すで》に其の生きんことを欲し、又其の死なんことを欲す。是れ惑いなり」。

子張問崇徳弁惑。子曰、主忠信、徙義、崇徳也。愛之欲其生、悪之欲其死。既欲其生、又欲其死。是惑也。

一一

斉《せい》の景公《けいこう》が、孔子に政治のことをたずねられた。

孔子がお答えした。

「君主は君主であり、臣下は臣下であることです。父は父であり、子は子であることです」

景公がいわれた。

「全くその通りだ。もし本当に君主が君主でなく、臣下が臣下でなく、父が父でなく子が子でなかったら、米はあっても、わしはもらって食べることもできないな」

斉の景公、政《まつりごと》を孔子に問う。

孔子対《こた》えて曰《いわ》く、

「君君《きみきみ》たり、臣臣《しんしん》たり、父父《ちちちち》たり、子子《ここ》たり」。

公曰く、

「善い哉《かな》、信に如《も》し君君たらず、臣臣たらず、父父たらず、子子たらずんば、粟《ぞく》ありと雖《いえど》も吾《われ》得て諸《これ》を食《く》わんや」。

斉景公問政於孔子。孔子対曰、君君、臣臣、父父、子子、公曰、善哉、信如君不君、臣不臣、父不父、子不子、雖有粟、吾得而食諸。

一二

先生がいわれた。

「ほんの一言聞いただけで、訴訟を判決できるのは、まず由《ゆう》（子路《しろ》）だね」

子路は、引き受けたものを放っておいたことはない。

子曰。片言可以折獄者、其由也与。子路無宿諾。

子曰く、

「片言《へんげん》以《もっ》て獄《ごく》を折《さだ》むべき者は、其《そ》れ由なるか」。

子路、諾《だく》を宿《とど》むることなし。

一三

先生がいわれた。

「訴訟を受理することは、わたしも他の人と同じだ。わたしは、是非とも訴訟が起こらない社会にしたいものだ」

子曰、聴訟吾猶人也。必也使無訟乎。

子曰く、

訟《うった》えを聴くこと吾《われ》猶《な》お人《ひと》の如《ごと》し。必ずや訟えなからしめんか。

一四

子張が、政治のことをたずねた。

先生がいわれた。

「怠らぬように心を据え、忠《ちゅう》によって事にあたることだ」


子張問政。子曰、居之無倦、行之以忠。


子張、政《まつりごと》を問う。

子曰く、

「之《これ》を居《お》きて倦《う》むことなく、之を行うに忠を以てす」。

一五

先生がいわれた。

「博く文のことを学び、礼によって引き締めたらなら、道にはずれていないといえよう」


子曰、博学於文、約之以礼、亦可以弗畔矣夫。

▼雍也篇第二十七条に重出。

子曰く、
博《ひろ》く文《ぶん》を学び、之《これ》を約《やく》するに礼を以《もっ》てせば、亦《ま》た以て畔《そむ》かざる可《べ》きか。

一六

先生がいわれた。
「君子《くんし》は人のいいところが成就するようにし、人の悪事がうまくいかないようにと望むものだ。小人《しょうじん》というのは、これと正反対だ」

子曰、君子成人之美。不成人之悪。小人反是。

子曰く、
君子は人の美《び》を成《な》し、人の悪を成さず。小人は是《これ》に反《はん》す。

一七

季康子《きこうし》が孔子に政治のことをたずねた。
孔子が答えていわれた。
「政治とは、正しくするということです。あなたが率先して正しくなさったら、正しくなろうとしない者などいません」

季康子問政於孔子。孔子対曰、政者正也。子帥以正、孰敢不正。

季康子、政《まつりごと》を孔子に問う。
孔子対《こた》えて曰く、
「政《せい》は正《せい》なり。子《し》帥《ひき》いるに正を以《もっ》てせば、孰《たれ》か敢《あ》えて正ならざらん」。

一八

季康子が盗賊のことを気にして、孔子にたずねた。

孔子が答えていわれた。

「もしあなたが貪《むさぼ》らなければ、たとえ褒美をやるといっても、人民は盗みはしません」

季康子、盗《とう》を患《うれ》えて孔子に問う。

孔子対えて曰く、

「苟《いやしく》も子《し》にして不欲《ふよく》ならば之《これ》を賞《しょう》すと雖《いえど》も竊《ぬす》まず」。

季康子患盗、問於孔子。孔子対曰、苟子之不欲、雖賞之不竊。

一九

季康子が孔子に政治のことをたずねていった。

「もし道にはずれた人を殺して、道をわきまえる人に就《つ》くというのはどうですか」

孔子が答えていわれた。

「あなたが政治をなさるのに、どうして殺す必要などありますか。あなたが善を望まれるなら、人民もよくなります。君子の徳は風で、小人の徳は草です。風が吹けば、草は必ずなびくものです」

季康子、政《まつりごと》を孔子に問うて曰く、「如《ごと》し無道《ぶどう》を殺して以《もっ》て有道《ゆうどう》に就《つ》かば如何《いかん》」。

孔子対《こた》えて曰く、「子《し》、政を為《な》すに焉《いずく》んぞ殺《さつ》を用いん。子善《ぜん》を欲して民《たみ》善なり。君子の徳は風、小人の徳は草。草之《これ》に風を上《くわ》うれば必ず偃《ふ》す」。

季康子問政於孔子曰、如殺無道、以就有道、何如。孔子対曰、子為政、焉用殺。子欲善、而民善矣。君子之徳風、小人之徳草。草上之風必偃。

二〇

子張《しちょう》がたずねた。

「士《し》にとってどのようであったら、達するといえるですか」

先生がいわれた。

「君が考えている達するというのは、どういう意味か」

子張「国元でも必ず評判があがり、家内にいても必ず評判があがることです」

先生「それはあがることであって、達することではない。達するというのは、正直で正義を好み、人の言葉に耳を傾け、人の顔色を見抜き、よく配慮して人にへりくだることである。国元にあっても必ず達し、家内にいても必ず達す

子張問う、「士如何《いか》にしてか斯《こ》れ之《これ》を達《たつ》と謂《い》うべき」。子曰く、「何ぞや、爾《なんじ》の所謂《いわゆる》達とは」。子張対《こた》えて曰く、「邦《くに》に在《あ》りても必ず聞《きこ》え、家に在りても必ず聞ゆ」。子曰く、「是《こ》れ聞《ぶん》なり。達に非《あら》ざるなり。夫《そ》れ達なる者は質直《しっちょく》にして義を好み、言《げん》を察して色を観、慮《おもんぱか》りて以て人に下《くだ》る。邦に在りても必ず達し、家に

るものである。ところが、評判があがるというのは、顔つきだけは仁らしくしているが、行ないははずれ、それに安住して疑わないことだ。国元にあっても家内にいても、評判だけは必ず世間にあがるものである」

在りても必ず達す。夫れ聞なる者は色仁《いろじん》を取りて行い違《たが》い、之に居《お》りて疑わず、邦に在りても必ず聞え、家に在りても必ず聞ゆ」。

子張問、士何如、斯可謂之達矣。子曰、何哉爾所謂達者。子張対曰、在邦必聞、在家必聞。子曰、是聞也。非達也。夫達也者、質直而好義、察言而観色、慮以下人。在邦必達、在家必達。夫聞也者、色取仁而行違、居之不疑、在邦必聞、在家必聞。

二一

樊遅《はんち》がお供をして、舞雩《ぶう》のあたりを歩いた時にいった。

「徳を高め、邪念を払拭し、惑《まど》いを明らかにする方法を敢えておたずねします」

先生が答えた。

「適切な質問だ。仕事は先にすまして、成果はあとまわしにする。これが徳を高めることだ。自分のよくないことを責めても、他人のよくないことは責めない。これが邪念を払拭することだ。また、一時の怒りに自分を見失ったあげく親まで巻き込んでしまう、これが惑いだ」

樊遅従いて舞雩の下《もと》に遊ぶ。曰く、

「敢《あえ》て徳を崇《たか》くし慝《とく》を脩《おさ》め惑いを弁《わきま》えんことを問う」。

子曰く、「善《よ》い哉《かな》問いや。事を先にして得るを後にす。徳を崇くするに非《あら》ざるや。其《そ》の悪を攻め人の悪を攻むることなし。慝を脩むるに非ざるや。一朝《いっちょう》の忿《いか》りに其の身を忘れ以《もっ》て其の親《しん》に及ぼす。惑えるに非ざるや」。


樊遅従遊於舞雩之下。曰、敢問崇徳脩慝弁惑。子曰。善哉問。先事後得、非崇徳与。攻其悪、無攻人之悪、非脩慝与。一朝之忿、忘其身、以及其親、非惑与。

二三

攀遅《はんち》が仁のことをたずねた。

先生がいわれた。

「人を愛することだ」

知のこともおたずねした。

先生「人を知ることだよ」

攀遅にはまだよくわからなかった。

先生「正直な人を採用して、邪《よこし》まな人を退ければ、邪まな人をまっとうにさせることができる」

攀遅は退出して子夏に会った。

攀遅「わたしは、先ほど先生にお会いして、知のことをたずねたら、先生は『正直な人を採用して、邪まな人を退ければ、邪まな人をまっとうにさせることができる』とおっしゃったのですが、どういう意味でしょうか」

子夏「含蓄あるお言葉だね。舜《しゅん》が天下をとった時

樊遲、仁を問う。

子曰く、「人を愛す」。

知を問う。

子曰く、「人を知る」。

樊遲未だ達せず。

子曰く、「直《なお》きを挙《あ》げて諸《もろもろ》の枉《まが》れるを錯《お》かば、能《よ》く枉れる者をして直からしむ」。

樊遲退き子夏を見て曰く、「郷《さき》に吾《われ》、夫子《ふうし》に見《まみ》えて知を問う。子曰く、『直きを挙げて諸の枉れるを錯かば、能く枉れる者をして直からしむ』と、何の謂《いい》ぞや」。

子夏曰く、「富める哉言《かなげん》や。

も、大勢の中から皐陶《こうよう》を抜擢したものだから、仁でない者は遠ざかった。湯《とう》が天下をとった時も大勢の中から伊尹《いいん》を抜擢したから、仁でない者は遠ざかった」

舜、天下を有《たも》ち、衆《しゅう》に選んで皐陶を挙げしかば、不仁者遠ざかる。湯、天下を有ち、衆に選んで伊尹を挙げしかば、不仁者《ふじんしゃ》遠ざかる」。

樊遲問仁。子曰、愛人。問知。子曰、知人。樊遲未達。子曰、挙直錯諸枉、能使枉者直。樊遲退。見子夏曰、郷也吾見於夫子而問知。子曰、挙直錯諸枉、能使枉者直。何謂也。子夏曰、富哉言乎。舜有天下、選於衆、挙皐陶、不仁者遠矣。湯有天下、選於衆、挙伊尹、不仁者遠矣。

二三

子貢《しこう》が友だちとのことをたずねた。

先生がいわれた。

「忠告して親切に導いてやるが、聞き入れてもらえないなら、忠告はやめて恥をかかないようにする」

子貢問友。子曰、忠告而善道之、不可則止。無自辱焉。

子貢、友を問う。

子曰く、

「忠告して之《これ》を善道《ぜんどう》し、不可なれば則《すなわ》ち止《や》む。自《みずか》ら辱《はずか》しむること無し」。

二四

曽子《そうし》がいわれた。

「君子は学問をよすがにして、友だちを集め、友だちによって、仁の手助けをする」

曽子曰、君子、以文会友、以友輔仁。

曽子曰く、

君子は文《ぶん》を以《もっ》て友を会《かい》し、友を以て仁を輔《たす》く。

子路《しろ》第十三

一　子路が政治のことをたずねた。
先生がいわれた。
「先頭に立つことと、自分で苦労することだ」
子路「その上に心がけることは何でしょう」
先生「怠ることのないようにすることだ」

子路問政。子曰、先之労之。請益。曰、無倦。


子路、政《まつりごと》を問う。

子曰く、

「之《これ》に先んじ、之に労《ろう》す」。

益《えき》を請《こ》う。

曰く、「倦《う》むこと無し」。

二

仲弓《ちゆうきゆう》が季氏《きし》の宰《さい》になって、政治のことをたずねた。

先生がいわれた。

「役人たちを先に立て、小さな過ちは許し、賢い人や才能ある人を採用することだ」

仲弓「賢い人や才能ある人を見分けて採用するには、どうしたらいいですか」

先生「君の知っている人を採用しなさい。そうすれば、君の知らない人も、人は放っておきなどしない」

仲弓、季氏の宰となり、政を問う。

子曰く、「有司《ゆうし》を先にし、小過《しようか》を赦《ゆる》し、賢才《けんさい》を挙《あ》ぐ」。

曰く、「焉《いず》くんぞ賢才を知りて之《これ》を挙げん」。

曰く、「爾《なんじ》の知る所を挙げよ。爾の知らざる所は、人其《そ》れ諸《これ》を舎《す》てんや」。

仲弓為季氏宰、問政。子曰、先有司、赦小過、挙賢才。曰、焉知賢才而挙之。曰、挙爾所知。爾所不知、人其舎諸。

三

子路がたずねた。

「衛《えい》の殿さまが先生を招いて政治をされるとしますと、先生は何から先になさいますか」

先生がいわれた。

「ぜひとも名を正すね」

子路「これはこれは先生も迂闊な方ですね。どうして名など正すのですか」

先生「お粗末だね、由《ゆう》（子路）は。君子は自分のわからないことには発言しないものだ。名が正しくなければ（名が実に相当しなければ）、言葉も順当でなく、言葉が順当でなければ、仕事もうまくいかない。仕事がうまくいかなければ、礼楽も起こらない。礼楽が起こらな

子路曰く、「衛の君、子《し》を待ちて政《まつりごと》を為《な》さば、子、将《まさ》に奚《なに》をか先《さき》にせんとする」。

子曰く、

「必ずや名を正さんか」。

子路曰く、「是《これ》あるかな、子の迂《う》なる。奚《なん》ぞ其《そ》れ正さん」。

子曰く、「野《や》なるかな由や。君子は其の知らざる所に於《お》いては、蓋《けだ》し闕如《けつじょ》す。名正しからざれば則《すなわ》ち言《げん》順《したが》わず。言順わざれば則ち事成らず。事成らざれば則ち礼楽興《おこ》らず、

ければ、刑罰も的をはずれる。刑罰が的をはずれれば、人民は手足を休める所もない。だから、君子は名をつければ、必ず言葉に表すことができるし、言葉に表せば必ず行なうことができる。君子は自分の言葉をいい加減にしない」

礼楽興らざれば則ち刑罰中《あた》らず。刑罰中らざれば則ち民、手足を措《お》く所なし。故《ゆえ》に君子は之《これ》に名づくるや、必ず言うべきなり。之を言えば必ず行うべきなり。君子は其の言に於いては、苟《いやしく》もする所無きのみ」。

子路曰、衛君待子而為政、子将奚先。子曰、必也正名乎。子路曰、有是哉、子之迂也。奚其正。子曰、野哉由也、君子於其所不知、蓋闕如也。名不正、則言不順。言不順、則事不成。事不成、則礼楽不興。礼楽不興、則刑罰不中。刑罰不中。則民無所措手足。故君子、名之必可言也。言之必可行也。君子於其言、無所苟而已矣。

四

樊遅《はんち》が穀物を生産することを習いたいとお願いした。

先生がいわれた。

「わたしは、年をとった農民に及ばない」

畑仕事を習いたいとお願いすると、先生がいわれた。

「わたしは、年をとった畑づくりには及ばない」

樊遅が退出したあと、先生はいわれた。

「小人《しょうじん》だね、樊須《はんす》は。上に立つ者が礼を好めば人々は敬おうとするし、上の者が義を好めば人々は従おうとする。また、上の者が信を好めば人々は真心で尽くそうとする。このようであれば、まわりの人々は子供を背負ってでもやって来るはずだ。どうして百姓仕事をする必要があろうか」


樊遅、稼《か》を学ばんと請《こ》う。子曰く、「吾《われ》、老農に如《し》かず」。圃《ほ》を為《つく》るを学ばんと請う。曰く、「吾、老圃に如かず」。樊遅出づ。子曰く、「小人なるかな樊須や。上《かみ》、礼を好めば則《すなわ》ち民敢《あ》えて敬《けい》せざるなし。上、義を好めば則ち民敢えて服せざるなし。上、信を好めば則ち民敢えて情を用いざるなし。夫《そ》れ是《こ》の如くなれば、則ち四方《しほう》の民、其の子を襁負《きょうふ》して至《いた》る。焉《いずく》んぞ稼を用いん」。

樊遅請学稼。子曰、吾不如老農。請学為圃。曰吾不如老圃。樊遅出。子曰、小人哉樊須也。上好礼、則民莫敢不敬。上好義、則民莫敢不服。上好信、則民莫敢不用情。夫如是、則四方之民、襁負其子而至矣。焉用稼。

五

先生がいわれた。

「『詩経《しきょう》』の三百篇をそらんじながら、政治を担当してもうまくいかず、四方の国々に使いに行っても一人で対応できなければ、たとえ、『詩経』をそらんじていようとも、何の役にも立たない」

子曰く、詩三百を誦《しょう》し、之《これ》に授くるに政《まつりごと》を以《もつ》てすれども達せず、四方に使いして専対《せんたい》すること能《あた》わずんば、多しと雖《いえど》も亦《ま》た奚《なに》を以《もつ》て為《な》さん。

子曰、誦詩三百、授之以政、不達。使於四方、不能専対。雖多亦奚以為。

六

子曰、其身正、不令而行。其身不正、雖令不従。

子曰く、其の身正しければ、令《れい》せずして行わる。其の身正しからざれば、令すと雖《いえど》も従わず。

先生がいわれた。
「わが身が正しければ、命令しなくとも行なわれるし、わが身が正しくなければ、命令しても従われることはない」

七

子曰、魯衛之政、兄弟也。

子曰く、魯衛の政《まつりごと》は兄弟《けいてい》なり。

先生がいわれた。
「魯《ろ》と衛《えい》でやっている政治（の乱れよう）は、兄弟みたいに似たりよったりである」

八

先生が衛《えい》の公子《こうし》の荊《けい》のことを、こういわれた。
「家の切り盛りがうまい。やっとできると、『どうやら集まったぞ』といい、大分できると、『どうやら揃ったぞ』といい、うんとできても、『どうやら立派になったぞ』といった」

子、衛の公子荊を謂《い》う。
「善《よ》く室《しつ》に居《お》る。始めて有るときに曰く、『苟《いささ》か合《あつま》る』と。少しく有るときに曰く、『苟か完《そな》わる』と。富《さか》んに有るときに曰く、『苟か美し』と」。

子謂衛公子荊。善居室。始有曰、苟合矣。少有曰、苟完矣。富有、曰、苟美矣。

九　先生が衛に行かれた時、冉有《ぜんゆう》が御者《ぎょしゃ》をした。
先生がいわれた。
「人口がふえたね」
冉有「人口がふえたら、次は何をしますか」
先生「豊かにしよう」
冉有「豊かになったら、次は何をしますか」
先生「礼を教えよう」

子、衛に適《ゆ》く。冉有僕《ぼく》たり。子曰く、「庶《しょ》なるかな」。冉有曰く、「既に庶なり、又何をか加えん」。曰く、「之を富まさん」。曰く、「既に富めり、又何をか加えん」。曰く、「之を教えん」。

子適衛。冉有僕。子曰、庶矣哉。冉有曰、既庶矣。又何加焉。曰、富之。曰、既富矣。又何加焉。曰、教之。

一〇

先生がいわれた。

「もし誰かわたしを使ってくれる方があるなら、一カ月だけでもよい。三年したら、成果はあがる」

子曰、苟有用我者、期月而已可也。三年有成。

子曰く、苟《いやしく》も我を用うる者有らば、期月《きげつ》のみにして可《か》なり。三年にして成《な》ることあらん。

一一

先生がいわれた。

「善人（人柄はよいが、学問が不十分な人）でも、国の政治を百年も担当したら、あばれ者を抑えて死刑もなくせるというが、この言葉は本当だね」

子曰、善人為邦百年、亦可以勝残去殺矣。誠哉是言也。

子曰く、「善人も邦《くに》を為《おさ》むること百年ならば、亦《ま》た以《もっ》て残《ざん》に勝ち殺《さっ》を去るべしと。誠《まこと》なるかな是《こ》の言《げん》や」。

一二

先生がいわれた。
「たとえ王者が現れたとしても、一代(三十年)たたないと、人民が仁になることはできない」

子曰く、
如《も》し王者ありとも、必ず世にして後《のち》に仁ならん。

子曰、如有王者、必世而後仁。

一三

先生がいわれた。
「わが身を正しくできさえすれば、政治をとることぐらいは何でもない。わが身を正しくできなかったら、人を正すことはとてもできない」

子曰く、
苟《いやしく》も其《そ》の身を正しくせば、政《まつりごと》に従うに於《お》いて何かあらん。其の身を正しくする能《あた》わずんば、人を正しくするを如何《いかん》せん。

子曰、苟正其身矣、於従政乎何有。不能正其身、如正人何。

一四　冉子《ぜんし》（冉有）が、朝廷からさがってきた。

先生がいわれた。

「なぜ遅かったのか」

冉有が答えていった。

「国の政治がございまして」

先生「それは、大夫の家の用事だろう。もし政治があるなら、たとえもちいられていなくとも、わたしはその相談にあずかるはずだから」

冉子、朝《ちょう》より退く。子曰く、「何ぞ晏《おそ》きや」。対《こた》えて曰く、「政《まつりごと》あり」。子曰く、「其《そ》れ事ならん。如《も》し政あらば、吾《われ》を以《もち》いずと雖《いえど》も、吾其れ之《これ》を与《あずか》り聞かん」。

冉子退朝。子曰、何晏也。対曰、有政、子曰、其事也。如有政、雖不吾以、吾其与聞之。

一五

定公《ていこう》がおたずねになった。

「たったひとことで国を起こせる言葉がありますか」

孔子がお答えしていった。

「言葉は、それほどあてになるものではありません。世の人は『主君であることはむずかしく、臣下であることは容易ではない』といいますが、主君であることがむずかしいものだとわかりましたら、このひとことで、国を起こすことにならないでしょうか」

定公「たったひとことで国を滅ぼす言葉がありますか」

先生「言葉とはそれほどあてになるものではあり

定公問う。

「一言《いちげん》にして以《もっ》て邦《くに》を興《おこ》すべきものこれありや」

孔子対《こた》えて曰く、

「言《げん》以て是《かく》の若《ごと》く其《そ》れ幾《き》すべからず。人の言に曰く、『君《きみ》たること難《かた》し、臣《しん》たること易《やす》からず』と。如《も》し君たるの難きを知らば、一言にして邦を興すを幾《き》せざらんや」。

曰く、「一言にして邦を喪《ほろ》ぼすものこれありや」。

孔子対えて曰く、

ません。世の人は『わしは、主君であることに格別の楽しみをもたない。ただ何か言った時に、誰も逆らう者がいないということだけだ』といいますが、もしそれが、主君がよくできていて、臣下に逆らう者がいないのなら、大変結構ですが、もし主君がよくないのに、臣下に逆らう者がいないとしたら、ひとことで国を滅ぼすということにならないでしょうか」

「言以て是の若く其れ幾すべからず。人の言に曰く、『予《われ》君たることを楽しむなし。唯《ただ》其れ言って予に違《ちが》う莫《な》きなり』と。如し其れ善にして之に違う莫くば、亦《ま》た善《よ》からずや。如し不善《ふぜん》にして之に違うなくば、一言にして邦を喪ぼすを幾せざらんや」。

定公問、一言而可以興邦、有諸。孔子対曰、言不可以若是其幾也。人之言曰、為君難、為臣不易。如知為君之難也、不幾乎一言而興邦乎。曰、一言而喪邦、有諸。孔子対曰、言不可以若是其幾也。人之言曰、予無楽乎為君。唯其言而莫予違也。如其善而莫之違也、不亦善乎。如不善而莫之違也、不幾乎一言而喪邦乎。

一六

葉公《しようこう》が政治のことをおたずねになった。

先生が答えられた。

「近くの者は喜ぶようにし、遠くの者は、それを聞いてやって来るようにすることですね」


葉公問政。子曰、近者説、遠者来。


葉公、政《まつりごと》を問う。

子曰く、

「近き者説《よろこ》び、遠き者来《きた》る」。

一七

子夏《しか》が莒父《きょほ》の宰《さい》になって、政治のことをたずねた。

先生がいわれた。

「早く実施したいと思わぬこと。小さな利益に目をくれぬこと。早く実施したいと思うと、うまくいかない。小さな利益に目をくれると、大きな仕事が成就しない」

子夏、莒父の宰となり、政《まつりごと》を問う。

子曰く、

「速やかならんことを欲するなかれ。小利《しょうり》を見るなかれ。速やかならんことを欲すれば則《すなわ》ち達せず。小利を見れば則ち大事《だいじ》成《な》らず」。

子夏為莒父宰、問政。子曰、無欲速。無見小利。欲速則不達。見小利、則大事不成。

一八

葉公《しょうこう》が孔子に話された。

「わたしたちの近所に正直な男がいて、自分の父が羊を盗んだ時、自分が証人になりました」

孔子がいわれた。

「わたくどもの近所の正直者は、それとは違います。父は子のために隠してやり、子は父のために隠してあげます。そこにはちゃんと正直さが備わっています」

葉公、孔子に語《つ》げて曰く、

「吾《わ》が党《とう》に躬《み》を直《なお》くする者あり。其《そ》の父羊を攘《ぬす》む。而《しか》して子之《これ》を証《しょう》せり」。

孔子曰く、

「吾が党の直き者は是《これ》に異なり。父は子の為に隠し、子は父の為に隠す。直きこと其の中《うち》に在《あ》り」。

葉公語孔子曰、吾党有直躬者。其父攘羊。而子證之。孔子曰、吾党之直者異於是。父為子隠、子為父隠。直在其中矣。

一九

樊遅《はんち》が仁のことをたずねた。

先生がいわれた。

「家においては恭しく、仕事に取り組む時には慎み深く、人と交わる時には誠実にする。たとえ外国に行っても、それをかたく守って捨ててはいけない」

樊遅、仁を問う。

子曰く、居処恭《きょしょきょう》に、事《こと》を執《と》ること敬《けい》に、人と忠《ちゅう》なるは、夷狄《いてき》に之《ゆ》くと雖《いえど》も、棄《す》つべからざるなり。

樊遅問仁。子曰、居処恭、執事敬、与人忠、雖之夷狄、不可棄也。

二〇

子貢《しこう》がたずねた。

「どのようにしたら、士《し》といえますか」

先生「わが身の振る舞いには恥を知り、諸国へお使いに行っても、君主の仰せに傷をつけなければ、士といえる」

子貢「一段下のランクのものは何ですか」

先生「一族の者が孝《こう》だといい、近所の者が弟《てい》だという人だ」

子貢「もう一段下のものは何ですか」

先生「言ったことは違えず、行なうべきことは必ずやり遂げる。これは、こちこちな小人《しょうじん》だね。でもまあ、その次にはなるね」

子貢「近ごろの政治家はいかがですか」

先生「たかの知れた者たちだ。数えるほどでもない」

子貢問うて曰く、「何如《いか》なる斯《こ》れ之《これ》を士と謂《い》うべき」。子曰く、「己を行うて恥あり、四方に使いして君命を辱《はずかし》めざる、士と謂うべし」。曰く、「敢えて其の次を問う」。曰く、「宗族《そうぞく》孝と称し、郷党《きょうとう》弟《てい》と称す」。曰く、「敢えて其の次を問う」。曰く、「言《げん》必ず信、行い必ず果《か》、硜硜然《こうこうぜん》として小人なるかな。抑《そもそも》亦《ま》た以《もっ》て次と為《な》すべし」。

曰く、「今の政に従う者は如何」。
子曰く、「噫《ああ》、斗筲《とそう》の人、何ぞ算《かぞ》うるに足らんや」。

子貢問曰、何如斯可謂之士矣。子曰、行己有恥、使於四方、不辱君命、可謂士矣。曰、敢問其次。曰、宗族称孝焉、郷党称弟焉。曰、敢問其次。曰、言必信、行必果、硜硜然小人哉。抑亦可以為次矣。曰、今之従政者何如。子曰、噫、斗筲之人、何足算也。

二一

子曰く、中行《ちゅうこう》を得て之《これ》に与《くみ》せずんば、必ずや狂狷か。狂者《きょうしゃ》は進みて取る。狷者《けんしゃ》は為《な》さざる所あり。

子曰、不得中行而与之、必也狂狷乎、狂者進取。狷者有所不為也。

先生がいわれた。

「中庸の人と一緒につきあうことができないとしたら、その次につきあうには、狂《きょう》か狷《けん》の人だね。狂の人は積極的に求めているし、狷の人は不義をしでかしたりはしない」

二三

先生がいわれた。

「南方の国の言葉に『人として恒常心がないと、巫子や医者にもなれない』というのがあるが、いい言葉だね」

『その徳を常にせざれば、辱めを授かるることあらん』（『周易』の恒の卦の九三の爻の文句）について、先生がいわれた。

「易を占っていないからだ」

子曰く、
「南人《なんじん》言えることあり。曰く、
『人にして恒《つね》なくば以《もっ》て巫医《ふい》
と作《な》るべからず』と。善《よ》いか
な」。
『其《そ》の徳を恒にせざれば或《ある》い
は之《これ》に羞《はじ》を承《すす》む』と。子曰く、
「占《うらな》わざるのみ」。

子曰、南人有言、曰、人而無恒、不可以作巫医。善夫。不恒其徳。或承之羞。

子曰、不占而已矣。

▼『周易』のこの一文の意味について、朱子は未詳とする。その上で「君子は『易』についてその占いをじっくりと習熟したならば、恒常心がないと辱めをうけることをわきまえる。だから恒常心がないのは『易』の占いを習熟しなかったからだ」という楊亀山の解釈をひとまず採用する。

二三

子曰、君子和而不同。小人同而不和。

子曰《しいわ》く、君子は和《わ》して同《どう》ぜず。小人は同して和せず。

先生がいわれた。
「君子は人々と協調するが、雷同はしない。小人《しょうじん》は人々と雷同するが、協調はしない」

二四　子貢《しこう》がたずねた。
「土地の人たちが皆褒めるような人は、いかがですか」
先生「まだ十分ではない」
子貢「では、土地の人たちが皆憎むような人は、いかがですか」
先生「まだ十分ではないよ。それよりは、その土地のよき人たちが褒めて、よくない人たちが憎むような人でなければならない」

子貢問うて曰く、

「郷人《きょうじん》皆之《これ》を好《よ》みせば何如《いかん》」。

子曰く、

「未可《みか》なり」。

「郷人皆之を悪《にく》まば何如」。

子曰く、

「未可なり。郷人の善なる者之を好みし、其の不善なる者之を悪むに如《し》かず」。


子貢問曰、郷人皆好之、何如。子曰、未可也。郷人皆悪之、何如。子曰、未可也。

不如郷人善者好之、其不善者悪之。

二五

先生がいわれた。

「君子には仕えることはたやすいが、喜ばすことはむずかしい。喜ばそうとしても、道に基づかなければ喜ばないからである。人を使う時には、その人の器量に合わせる。小人は、仕えることはむずかしいが、喜ばすことはたやすい。道に基づかなくても喜ぶからである。人を使う時には、何でもさせようとする」

子曰く、君子は事《つか》え易《やす》くして説《よろこ》ばしめ難《がた》し。之《これ》を説ばしむるに道を以《もっ》てせざれば説ばず。其《そ》の人を使うに及んでや之を器《うつわ》にす。小人は事え難くして説ばしめ易し。之を説ばしむるに道を以てせずと雖《いえど》も説ぶ。其の人を使うに及んでや備《そな》わらんことを求む。

子曰、君子易事而難説也。説之不以道、不説也。及其使人也、器之。小人難事而易説也。説之雖不以道、説也。及其使人也、求備焉。

二六

先生がいわれた。
「君子は、落ち着いていて高慢でないが、小《しょう》人《じん》は、高慢で落ち着きがない」

子曰、君子泰而不驕。小人驕而不泰。

子曰く、
君子は泰《たい》にして驕《おご》らず。小人は驕りて泰ならず。

二七

先生がいわれた。
「剛毅《ごうき》（心が強く）で朴訥《ぼくとつ》（質朴でにぶい）の人は、仁に近い」

子曰、剛毅木訥近仁。

子曰く、
剛毅《ごうき》木訥《ぼくとつ》は仁に近し。

二八
子路《しろ》がたずねた。

「どのようにしたら、士《し》といえますか」

先生がいわれた。

「他人には、親切で丁寧に接しよく励ましてあげ、にこやかであれば、士といえる。友だちにはねんごろでよく励まし、兄弟にはにこやかにすることだ」

子路問うて曰く、

「何如《いか》なる斯《こ》れ之《これ》を士と謂《い》うべき」。

子曰く、

「切切偲偲《せつせつしし》、怡怡如《いいじょ》たる、士と謂うべし。朋友《ほうゆう》には切切偲し、兄弟《けいてい》には怡怡す」。


子路問曰、何如斯可謂之士矣。子曰、切切偲偲、怡怡如也、可謂士矣。朋友切切偲偲、兄弟怡怡。

二九　先生がいわれた。
「ほどほどの人物でも七年ほど人々を教育すれば、人々を戦争に赴かせることができる」

子曰、善人教民七年、亦可以即戎矣。

子曰く、
善人民《ぜんにんたみ》を教うること七年、亦《ま》た以《もっ》て戎《じゅう》に即《つ》くべし。

三〇　先生がいわれた。
「訓練していない人民を引き連れて戦争するのは、人民を捨てるという」

子曰、以不教民戦、是謂棄之。

子曰く、
教えざる民を以《もち》いて戦う。是《こ》れ之《これ》を棄《す》つと謂《い》う。

憲問《けんもん》第十四

一　憲《けん》（原思《げんし》）が、恥のことをたずねた。
先生がいわれた。
「国に道が行なわれていても禄をもらい、国に道が行なわれていなくても禄をもらっていることが、恥なのだ」

憲問恥。子曰、邦有道穀、邦無道穀、恥也。

憲、恥を問う。
子曰《しいわ》く、邦《くに》に道《みち》あるに穀《こく》し、邦に道なきに穀するは、恥なり。

二

「勝ち気や自慢、怨みや欲が出なければ、仁《じん》だといえますか」

先生がいわれた。

「実現しがたいといえるが、仁といえるかどうかは、わたしは知らない」

克伐怨欲不行焉。可以為仁矣。子曰、可以為難矣、仁則吾不知也。

「克伐怨欲《こくばつえんよく》行われざる。以《もっ》て仁と為《な》すべし」。

子曰く、

「以て難《かた》しと為すべし。仁は則《すなわ》ち吾《われ》知らざるなり」。

三

先生がいわれた。

「士《し》でありながら、安らかな住まいを思っているようでは、士というほどのことはない」

子曰、士而懐居、不足以為士矣。

子曰く、

士にして居《きょ》を懐《おも》うは、以《もっ》て士と為《な》すに足らざるなり。

四

先生がいわれた。
「国に道が行なわれていれば、きっぱりとものをいうし、行ないもはっきりさせる。国に道が行なわれていなければ、行ないはきっぱりとするが、言葉は穏やかにする」

子曰く、
邦《くに》に道《みち》あれば言《げん》を危《たか》くし行いを危くす。邦に道なければ、行いを危くし言孫《したが》う。

子曰、邦有道、危言危行。邦無道、危行言孫。

五

先生がいわれた。
「人格者は、必ずよいことをいうが、よいことをいう人が必ずしも人格者ではない。仁の人は、必ず勇気があるが、勇気のある人が、必ずしも仁の人とは限らない」

子曰、有徳者必有言。有言者不必有徳。仁者必有勇。勇者不必有仁。

子曰く、
徳ある者は必ず言《げん》あり。言ある者必ずしも徳あらず。仁者《じんしゃ》は必ず勇あり、勇者《ゆうしゃ》必ずしも仁あらず。

六

南宮适《なんきゆうかつ》が孔子にたずねた。

「羿《げい》は弓が上手でしたし、奡《ごう》は舟をも動かしましたが、二人とも普通の死に方ができませんでした。しかし、禹《う》と稷《しよく》の二人は、自分で耕しながら、天下を支配されましたが」

先生は答えなかった。

南宮适が退出すると、先生がいわれた。

「君子だね、彼は。徳を貴ぶ人だね、彼は」

南宮适、孔子に問うて曰く、「羿《げい》は射《しや》を善《よ》くし、奡《ごう》は舟を盪《お》す、倶《とも》に其《そ》の死然るを得ず。禹・稷は躬《みずか》ら稼《か》して天下を有《たも》つ」。

夫子《ふうし》答えず。南宮适出づ。

子曰く、「君子なる哉若《かなかくのごと》き人。徳を尚《とうと》ぶ哉若き人」。

南宮适問孔子曰、羿善射、奡盪舟、倶不得其死然。禹・稷躬稼、而有天下。夫子不答。南宮适出。子曰、君子哉若人。尚徳哉若人。

七

先生がいわれた。「君子であっても、仁でない人もいる。しかし、小人《しょうじん》でありながら、仁だという人はいない」

子曰、君子而不仁者有矣夫。未有小人而仁者也。

子曰く、君子にして不仁《ふじん》なる者《もの》はあらんか。未《いま》だ小人にして仁なる者有《あ》らざるなり。

八

先生がいわれた。「愛しているのに、苦労しないことなどできようか。真心であったら、教えないことなどできようか」

子曰、愛之能勿労乎。忠焉能勿誨乎。

子曰く、之《これ》を愛しては能《よ》く労《ろう》すること勿《な》からんや。焉《これ》に忠《ちゅう》しては能く誨《おし》うること勿からんや。

九

先生がいわれた。

「命令を作る時は、裨諶《ひじん》が草案を作り、世叔《せいしゅく》が検討し、外交官の子羽《しう》が添削し、東里《とうり》の地の子産《しさん》が、文章に色づけした」

子曰く、命《めい》を為《つ》くるに、裨諶之《これ》を草創し、世叔之を討論し、行人《こうじん》子羽之を修飾し、東里の子産之を潤色す。

子曰、為命、裨諶草創之、世叔討論之、行人子羽修飾之、東里子産潤色之。

一〇

ある人が子産《しさん》のことをたずねた。

先生がいわれた。

「彼は、恵み深い人です」

子西《しせい》のことをたずねると、先生がこたえた。

「ああ、あれか」と。

管仲《かんちゅう》のことをたずねると、先生がいわれた。

「彼は、伯氏《はくし》から三百戸の駢邑《べんゆう》を奪ったが、伯氏は粗末な飯を食べて、死ぬまで怨み言をいわなかった」


或《ある》ひと子産を問う。

子曰く、「恵人《けいじん》なり」。

子西を問う。

曰く、「彼をや彼をや」。

管仲を問う。

曰く、「この人や伯氏の駢邑三百を奪い、疏食《そし》を飯《くら》いて歯《とし》を没《お》うれども怨言《えんげん》なかりき」。


或問子産。子曰、恵人也。問子西。曰、彼哉彼也。問管仲。曰、人也、奪伯氏駢邑三百、飯疏食、没歯無怨言。

一一

先生がいわれた。

「貧乏でも怨み言をいわないのはむずかしいが、金持ちになっても驕《おご》らないのはたやすい」

子曰、貧而無怨難、富而無驕易。

子曰く、
貧《まず》しうして怨むなきは難《かた》く、
富んで驕《おご》るなきは易《やす》し。

一二

先生がいわれた。

「孟公綽《もうこうしゃく》は、趙《ちょう》や魏《ぎ》の家老には十二分になれる。だが、滕《とう》や薛《せつ》のような小さい国の大夫《たいふ》にはなれない」

子曰、孟公綽為趙魏老則優。不可以為滕薛大夫。

子曰く、
孟公綽は趙魏の老《ろう》となれば則《すなわ》ち優《ゆう》なり。以《もっ》て滕薛《とうせつ》の大夫と為《な》るべからず。

一三

子路《しろ》がたずねた。

「完全な人とはどのような人ですか」

先生がいわれた。

「臧武仲《ぞうぶちゅう》ほどの智恵、公綽《こうしゃく》ほどの無欲、卞壮《べんそう》子《し》ほどの勇気、冉求《ぜんきゅう》ほどの手腕があって、これに礼楽《れいがく》という文飾を添えるなら、まあ完全な人といえる」

さらにいわれた。

「だが、今どきの完全な人は、何もこれには限らない。利益を見ては正義を考え、危険を見ては生命を捧げ、昔の約束にしても、いつもいっていたことを忘れなければ、完全な人といえる」


子路、成人《せいじん》を問う。

子曰く、

「臧武仲の知・公綽の不欲《ふよく》・卞荘子の勇・冉求の芸の若《ごと》き、之《これ》を文《かざ》るに礼楽を以《もっ》てせば、亦《ま》た以て成人と為《な》すべし」。

曰く、

「今の成人は何ぞ必ずしも然《しか》らん。利を見ては義を思い、危《き》を見ては命《めい》を授け、久要《きゅうよう》平生《へいせい》の言《げん》を忘れずば、亦た以て成人と為すべし」。

子路問成人。子曰、若臧武仲之知、公綽之不欲、卞莊子之勇、冉求之芸、文之以礼楽、亦可以為成人矣。曰、今之成人者何必然。見利思義、見危授命、久要不忘平生之言、亦可以為成人矣。

一四

先生が、公明賈《こうめいか》に公叔文子《こうしゅくぶんし》のことをたずねていわれた。

「本当ですか、あの人はものもいわず、笑いもせず、受けとろうともしないそうですが」

公明賈が答えていった。

「そう伝えたものの言い過ぎです。あの人はいうべき時にこそものをいいますので、人は彼の言葉をいやがりません。楽しいからこそ笑われるので、人は彼が笑うのをいやがりません。義にかなうからこそ受けとられるので、人は彼が受けとるのをいやがりません」

先生がいわれた。

「そうですか、本当にそうですか」

子、公叔文子を公明賈に問うて曰く、

「信《しん》なるか。夫子《ふうし》は言わず笑わず取らざるか」。

公明賈対《こた》えて曰く、

「以《もっ》て告《つ》ぐる者の過ちなり。夫子時にして然《しか》る後《のち》に言う、人其《そ》の言うことを厭《いと》わず。楽しみて然る後に笑う。人其の笑うことを厭わず。義にして然る後に取る、人其の取ることを厭わず」。

子曰く、「其れ然《しか》り、豈《あに》其れ然《しか》らんや」。

子問公叔文子於公明賈曰、信乎。夫子不言不笑不取乎。公明賈対曰、以告者過也。夫子時然後言、人不厭其言。楽然後笑、人不厭其笑、義然後取、人不厭其取。子曰、其然、豈其然乎。

一五

先生がいわれた。

「臧《ぞう》武仲《ぶちゆう》は防《ぼう》（魯《ろ》の土地）を楯にして、後継ぎを立てたいと魯に向かって要求した。主君に強要するのではないといっているが、私は信じない」

子曰く、

臧武仲、防を以《もつ》て魯に後《のち》を為《な》すことを求む。君を要せずと曰《い》うと雖《いえど》も吾《われ》は信ぜざるなり。

子曰、臧武仲以防求為後於魯。雖曰不要君、吾不信也。

一六

先生がいわれた。

「晋《しん》の文公《ぶんこう》は偽《いつわ》って正しくないが、斉《せい》の桓公《かんこう》は正しくて偽らない」

子曰、晋文公譎而不正、斉桓公正而不譎。

子曰く、

晋の文公は譎《いつわ》って正しからず、

斉の桓公は正しうして譎らず。

一七

子路《しろ》がたずねた。

「桓公《かんこう》が公子の糾《きゅう》を殺したとき、召忽《しょうこつ》は死にましたが、管仲《かんちゅう》は死にませんでした。管仲はまだ仁《じん》の人ではないのですか」

先生がいわれた。

「桓公が諸侯《しょこう》を集めたとき、兵車をもちいなかったのは、管仲のお蔭である。仁の功績のあった人である」

子路曰く、

「桓公、公子糾を殺す。召忽之《これ》に死し、管仲死せず。曰く、未《いま》だ仁ならざるか」。

子曰く、

「桓公、諸侯を九合《きゅうごう》するに兵車を以《もっ》てせざりしは管仲の力なり。其の仁に如《し》かんや、其の仁に如かんや」。


子路曰、桓公殺公子糾。召忽死之、管仲不死。曰、未仁乎。子曰、桓公九合諸侯、不以兵車、管仲之力也。如其仁、如其仁。

一八

子貢《しこう》がたずねた。

「管仲《かんちゅう》は仁《じん》の人ではありませんね。桓公《かんこう》が公子の糾《きゅう》を殺したとき、死ぬこともできずに、大臣になりましたから」

先生がいわれた。

「管仲は桓公を輔佐して諸侯の旗頭にし、天下をちゃんとただしたので、人民は今日までその恩恵を被っている。もし、管仲がいなかったら、私なぞは、散《ざん》ばら髪で襟も左前にしていただろう。男や女が義理だてをして、溝の中で首をくくり、誰も気がつかないというのとは、訳が違うよ」

子貢曰く、

「管仲は仁者《じんしゃ》に非《あら》ざるか。桓公、公子糾を殺す。死すること能《あた》わず。又之《またこれ》に相《しょう》たり」。

子曰く、

「管仲、桓公を相《たす》けて諸侯に霸《は》たらしめ、天下を一匡《いっきょう》し、民《たみ》今に到るまで其《そ》の賜《たまもの》を受く。管仲微《な》かりせば、吾其れ髪《はっ》を被《こうむ》り衽《じん》を左にせん。豈匹夫匹《あにひっぷひっ》婦《ぷ》の諒《りょう》をなすや、自《みずか》ら溝瀆《こうどく》に経《くび》れて之を知るもの莫《な》きが若《ごと》くならんや」。

子貢曰、管仲非仁者与。桓公殺公子糾。不能死。又相之。子曰、管仲相桓公、覇諸侯。一匡天下、民到于今受其賜。微管仲、吾其被髪左衽矣。豈若匹夫匹婦之為諒也、自経於溝瀆而莫之知也。

一九

公叔文子《こうしゆくぶんし》の臣下で大夫《たいふ》の僎《せん》という者が、後には文子と肩を並べて公の朝廷に出仕した。先生がこれを聞いていわれた。「それなら、文といえるね」

公叔文子の臣大夫僎《せん》、文子と同じく公《こう》に升《のぼ》る。子、之を聞いて曰く、「以《もつ》て文《ぶん》と為《な》すべし」。

公叔文子之臣大夫僎、与文子同升諸公。子聞之曰、可以為文矣。

▼「文」の一字は文雅というほどの意味。道理にかなってその立居振舞が典雅なことを、文の一字で表現する。その人物を高く評価した表現である。

二〇

先生が衛《えい》の霊公《れいこう》の無道《むどう》ぶりをいわれたとき、康子《こうし》がたずねた。

「そんなありさまで、一体どうして失脚しないのですか」

先生がいわれた。

「仲叔圉《ちゅうしゅくぎょ》が来賓を受け持ち、祝鮀《しゅくだ》が宗廟を受け持ち、王孫賈《おうそんか》が軍事を受け持っている。まあこんなことだから、どうして失脚などしようか」


子、衛の霊公の無道を言う。

康子曰く、

「夫《そ》れ是《かく》の如くなるに、奚《なん》ぞ喪《うしな》わざる」。

孔子曰く、

「仲叔圉は賓客《ひんきゃく》を治《おさ》め、祝鮀《しゅくだ》は宗廟を治め、王孫賈は軍旅を治む。夫れ是の如くなれば、奚ぞ其れ喪わん」。


子言衛霊公之無道也。康子曰、夫如是、奚而不喪。孔子曰、仲叔圉治賓客、祝鮀治宗廟、王孫賈治軍旅。夫如是、奚其喪。

二

先生がいわれた。

「ものをいいながら恥を知らない人は、実行するとなるとむずかしい」

子曰く、其《そ》の之《これ》を言うや怍《は》じざれば、則《すなわ》ち之を為《な》すや難《かた》し。

子曰、其言之不怍、則為之也難。

二三

陳成子《ちんせいし》が簡公《かんこう》を殺したとき、孔子は沐浴《もくよく》して出仕され、哀公《あいこう》に申し上げた。

「陳恒《こう》（陳成子）が自分の主君を殺しました。どうぞ討ちとってください」

哀公がいわれた。

「あの三家（魯《ろ》の三家）の者にいいたまえ」

孔子がいわれた。

「わたしも大夫《たいふ》の末席をけがしている以上、申し上げずにはおれない。主君は『あの三家の者にいいたまえ』と仰せられた」

そこで三家のところに行って告げられたが、彼らはききいれなかった。

孔子がいわれた。

「わたしも大夫の末席をけがしている以上、申し上げずにはおられない」


陳成子、簡公を弑《しい》す。孔子沐浴して朝《ちょう》し、哀公に告げて曰く、「陳恒其の君を弑す、請《こ》う之《これ》を討《う》たん」。公曰く、「夫《か》の三子《さんし》に告げよ」。孔子曰く、「吾《わ》が大夫《たいふ》の後《しりえ》に従うを以て敢えて告げずんばあらざるなり。君曰く、『夫の三子者《さんししゃ》に告げよ』と」。三子に之《ゆ》いて告ぐ。可《き》かず。孔子曰く、「吾が大夫の後に従うを以て敢えて告げずんばあらざるなり」。

陳成子弑簡公。孔子沐浴而朝、告於哀公曰、陳恒弑其君、請討之。公曰、告夫三子。孔子曰、以吾従大夫之後、不敢不告也。君曰、告夫三子者。不可。孔子曰、以吾従大夫之後、不敢不告也。

二三

子路《しろ》が主君に仕《つか》えることについておたずねした。

先生がいわれた。

「あざむかないこと。そして、諫《いさ》めること」


子路、君に事《つか》えんことを問う。

子曰く、

「欺《あざむ》くこと勿《なか》れ、而《しか》して之《これ》を犯《おか》せ」。


子路問事君。子曰、勿欺也、而犯之。

二四

先生がいわれた。
「君子は天理に従って高明《こうめい》に向けて進むが、小人《しょうじん》は人欲におぼれて下に向かって進むものだ」

子曰、君子上達、小人下達。

子曰く、
君子は上達《じょうたつ》し、小人は下達《かたつ》す。

二五

先生がいわれた。
「昔、学問した人は、自分がわかるためにしたものだが、近ごろの学問する人は、人に知られるためにしている」

子曰、古之学者為己、今之学者為人。

子曰く、
古《いにしえ》の学者は己《おのれ》の為《ため》にし、今の学者は人の為にす。

二六

蘧伯玉《きょはくぎょく》が孔子のところへ使いをよこした。孔子は、その使いを席に着かせてからたずねられた。

「あの方はどうしておられますか」

使いの者が答えた。

「あの方は自分の過ちを少なくしようとしていますが、まだよくできておりません」

使いの者が退出したあと、先生がいわれた。

「優れた使いだね、あの使いの者は」

蘧《きょ》伯玉、人を孔子に使わす。孔子、之《これ》と坐《ざ》して焉《これ》に問うて曰く、「夫子《ふうし》何をか為《な》す」。対えて曰く、「夫子は其の過ちを寡《すく》なくせんと欲す。而《しか》して未《いま》だ能《あた》わざるなり」。使者出づ。子曰く、「使いなるかな、使いなるかな」。

蘧伯玉使人於孔子。孔子与之坐而問焉。曰、夫子何為。対曰、夫子欲寡其過。而未能也。使者出。子曰、使乎、使乎。

二七

先生がいわれた。

「しかるべき地位にいなければ、その政治に口出しはしない」

子曰、不在其位、不謀其政。

子曰く、其《そ》の位《くらい》に在《あ》らざれば、其の政《まつりごと》を謀《はか》らず。

二八

曾子《そうし》がいわれた。

「君子は自分の位《くらい》を越えたことは考えない」

曾子曰、君子思不出其位。

曾子曰く、君子は思うこと其の位を出でず。

二九

先生がいわれた。
「君子は発言にはいいすぎないように恥を知り、その行ないは十二分にする」

子曰、君子恥其言而過其行。

子曰く、君子は其《そ》の言《げん》を恥じて、其の行いを過ごす。

三〇

先生がいわれた。
「君子の道には三つある。わたしにはその能力がない。それは、仁の人は心配しないこと。智の人は惑わないこと。勇の人は恐れないこと」
子貢がいった。
「先生はご自分のことをいわれたのだ」

子曰、君子道者三。我無能焉。仁者不憂、知者不惑。勇者不懼。子貢曰、夫子自道也。

子曰く、「君子の道《みち》なる者《もの》三《さん》。我焉《われこれ》を能《よ》くする無し。仁者《じんしゃ》は憂《うれ》えず、知者は惑わず、勇者は懼《おそ》れず」。子貢曰く、「夫子《ふうし》自ら道《い》うなり」。

三一

子貢《しこう》が他人の批評をした。

先生がいわれた。

「君は賢いのかね。わたしなどは、他人を批評する暇がない」


子貢方人。子曰、賜也賢乎哉、夫我則不暇。


子貢、人を方《たくら》ぶ。

子曰く、

「賜《し》や賢《けん》なるかな、夫《そ》れ我《われ》は則《すなわ》ち暇《いとま》あらず」。

三二

先生がいわれた。

「他人が自分を理解してくれないことは、気にかけない。むしろ、自分が能力がないことを気にかける」


子曰、不患人之不己知、患其不能也。

子曰く、
人の己《おのれ》を知らざるを患《うれ》えず。其《そ》の不能《ふのう》を患う。

三三

先生がいわれた。

「だまされてはいないかと気をまわしもせず、疑われてはいないかと推しはかりもせず、はやめにそれに気がつくとしたら、賢い人だ」

子曰、不逆詐、不億不信、抑亦先覚者是賢乎。

子曰く、詐《いつわ》りを逆《むか》えず、信《しん》ぜられざるを億《おもんぱか》らず、抑《そもそも》先《ま》ず覚《さと》る者は是《こ》れ賢《けん》か。

三四

微生畝《びせいほ》が孔子に向かっていった。

「丘《きゅう》さん、どうしてこんなにせわしげにしているのかね。まさか口上手をやっているのではないだろうね」

孔子がこたえた。

「口上手をしているのではありません。固定観念にとらわれるのがいやなのです」


微生畝、孔子に謂って曰く、「丘何ぞ是《こ》の栖栖《せいせい》たる者《もの》を為《な》すか。乃《すなわ》ち佞《ねい》を為すなからんか」。

孔子曰く、「敢《あ》えて佞をなすに非《あら》ざるなり。固《こ》を疾《にく》むなり」。


微生畝謂孔子曰、丘何為是栖栖者与。無乃為佞乎。孔子曰、非敢為佞也。疾固也。

三五

先生がいわれた。

「驥《き》（駿馬の名）は、力をほめられるのではなく、徳（うまく調教されたこと）をほめられるのである」

子曰く、驥は其《そ》の力を称《しょう》せずして、其の徳を称するなり。

子曰、驥不称其力而、称其徳也。

三六

ある人がたずねた。

「徳（恩恵）を施して怨みに報いたら、いかがですか」

先生がいわれた。

「では、徳にはどのようにして報いますか。直（公平無私）の行ないで怨みに報い、徳には徳で報いるものです」

或人《あるひと》曰く、

「徳を以《もっ》て怨みに報《むく》いば、何如《いかん》」。

子曰く、

「何を以てか徳に報いん。直《ちょく》を以て怨みに報い、徳を以て徳に報ゆ」。


或曰、以徳報怨何如。子曰、何以報徳。以直報怨、以徳報徳。

三七

先生がいわれた。

「わたしを理解してくれる人はいないね」

子貢がたずねた。

「どうして先生を理解してくれる人がいないのですか」

先生がいわれた。

「天をも怨まず、人をも怨まない。身近なことから学んで天理を理解する。わたしを理解してくれるのは、天だけだね」

子曰く、

「我を知るもの莫《な》きかな」。

子貢曰く、

「何為《なんす》れぞ其《そ》れ子《し》を知る莫きや」。

子曰く、

「天を怨みず、人を尤《とが》めず。下学《かがく》して上達す。我を知る者は其れ天《てん》か」。


子曰、莫我知也夫。子貢曰、何為其莫知子也。子曰、不怨天、不尤人、下学而上達、知我者其天乎。

三八

公伯寮《こうはくりょう》が季孫《きそん》に子路のことをうったえた。そこで、子服景伯《しふくけいはく》がそのことを申し上げて、「あの方（季孫）は公伯寮の言葉に疑いをもっておられますが、わたくしの力でも、公伯寮を市場にさらして、殺すことができます」

先生がいわれた。

「道が行なわれようとするのも運命であるし、道がすたれるようとするのも運命である。公伯寮ごときが、運命をどうすることもできまい」

公伯寮、子路を季孫に愬《うった》う。子服景伯以《もっ》て告げて曰く、「夫子《ふうし》固《もと》より公伯寮に惑志《わくし》あり。吾が力猶《な》お能《よ》く諸《これ》を市《し》朝《ちょう》に肆《し》せん」。

子曰く、「道の将《まさ》に行われんとするや、命《めい》なり。道の将に廃《すた》れんとするや、命なり。公伯寮其《そ》れ命を如何《いかん》」。

公伯寮愬子路於季孫。子服景伯以告曰、夫子固有惑志於公伯寮。吾力猶能肆諸市朝。子曰、道之将行也与、命也。道之将廃也与、命也。公伯寮其如命何。

三九

先生がいわれた。

「賢者は道が行なわれないときには、世を避ける。そのつぎは、国が乱れたときには、その土地を避ける。そのつぎは、主君の顔色を見て避ける。そのつぎは、主君の言葉によって避ける」

子曰く、

賢者は世を辟《さ》く。其の次は地を辟く。其の次は色を辟く。其の次は言《げん》を辟く。

子曰、賢者辟世。其次辟地。其次辟色。其次辟言。

四〇 先生がいわれた。
「立ち去った者は、七人だね」

子曰く、
作《た》つ者七人《しちにん》。

子曰、作者七人矣。


四一 子路が石門《せきもん》に泊まった。

晨門《しんもん》（門番）がたずねた。

「どちらからいらしたのですか」

子路がこたえた。

「孔子のところからです」

晨門「あの、できないと知りながらやろうとしている人ですね」


子路、石門に宿す。

晨門曰く、

「奚《いず》れ自《よ》りする」。

子路曰く、

「孔氏自りす」。

曰く、

「是《こ》れ其《そ》の不可《ふか》なるを知りて之《これ》を為《な》す者か」。


子路宿於石門。晨門曰、奚自。子路曰、自孔氏。曰、是知其不可而為之者与。

四二

先生が衛《えい》で磬《けい》（石でつくった楽器）をたたいておられた。そのとき、もっこをかついで孔子の家の門を通りすぎる男がいった。

「天下を思う心がこもっているね、磬をたたくにも」

しばらくしてこういった。

「いやしいね、ガチガチだぞ。自分のことを理解してもらえなければ、やめるまでのことだ。『河が深ければ着物を脱ぎ、浅ければ裾をからげて』（『詩経』衛風・匏有苦楽）だ」

先生がいわれた。

「世間を捨て切っているね。だが、（それが許されるなら）むずかしいことはないよ」


子、磬を衛に撃つ。蕢《あじか》を荷《にな》うて孔氏の門を過ぐる者あり。

曰く、

「心あるかな、磬を撃つや」。

既《すで》にして曰く、

「鄙《ひ》なる哉《かな》硜《こう》硜《こう》乎《こ》たり。己を知るなくば、斯《こ》れ已《や》めんのみ。『深ければ則《すなわ》ち厲《れい》し、浅ければ則《すなわ》ち掲《けい》す』」。

子曰く、

「果《か》なるかな。之《これ》を難《かた》しとすること末《な》きなり」

子擊磬於衛。有荷蕢而過孔氏之門者、曰、有心哉、擊磬乎。既而曰、鄙哉硜硜乎。莫己知也、斯已而已矣。深則厲、浅則掲。子曰、果哉。末之難矣。

四三

子張《しちょう》がたずねた。

「書経《しょきょう》に『殷《いん》の高宗《こうそう》は喪に服して三年の間口をきかなかった』とありますが、どんな意味ですか」

先生がいわれた。

「何も高宗だけに限らない。昔の人は皆そうしたものだよ。君主が亡くなると、官吏は皆、自分の仕事をまとめて、三年間冢宰《ちょうさい》（総理大臣）に任せた。（だから、後継ぎの君は口をきかなくてよかった）」

子張曰く、「書に云う、『高宗諒陰《りょうあん》三年言わず』と、何の謂《いい》ぞや」。子曰く、「何ぞ必ずしも高宗のみならん。古の人皆然り。君薨《こう》ずれば、百官己を総《す》べて冢宰に聴くこと三年」。

子張曰、書云、高宗諒陰、三年不言、何謂也。子曰、何必高宗。古之人皆然。君薨、百官総己、以聴於冢宰、三年。

四四　先生がいわれた。
「上のものが礼を好めば、人民は使いやすくなる」

子曰く、上《かみ》、礼を好めば則《すなわ》ち民使い易《やす》し。

子曰、上好礼、則民易使也。

四五　子路が君子のことをたずねた。

先生がいわれた。

「人格を磨いて、つつしむこと」

子路「それだけですか」

先生「人格を磨いて他人を安心させることだ」

子路「それだけですか」

先生「人格を磨いて民百姓を安心させることだ。民百姓を安心させることは、堯《ぎょう》や舜《しゅん》でさえも苦労されたのだ」

子路、君子を問う。子曰く、「己《おのれ》を脩《おさ》めて以《もっ》て敬《けい》す」。曰く、「斯《かく》の如《ごと》きのみか」。曰く、「己を脩《おさ》めて以て人を安《やす》んず」。曰く、「斯《かく》の如きのみか」。曰く、「己を脩めて以て百姓《ひゃくせい》を安んず。己を脩めて以て百姓を安んずるは、堯舜も其《そ》れ猶《な》お諸《これ》を病《や》めり」。

子路問君子。子曰、脩己以敬。曰、如斯而已乎。曰、脩己以安人。曰、如斯而已乎。曰、脩己以安百姓。脩己以安百姓、堯舜其猶病諸。

四六

原壌《げんじょう》が、先生の来られるのをうずくまって待っていた。

先生が、「幼いときにはへりくだらず、大きくなっても評判をあげることなく、年寄りまで生きてもくたばらない。こんなのを賊《ぞく》というのだ」といわれて、杖でその脛をたたかれた。

原壌、夷《い》して俟《ま》つ。

子曰く、

「幼《よう》にして孫弟《そんてい》ならず、長《ちょう》じて述《の》ぶるなく、老いて死せず。是《これ》を賊となす」と。

杖を以《もっ》て其《そ》の脛《すね》を叩く。

原壌夷俟。子曰、幼而不孫弟、長而無述焉、老而不死。是為賊。以杖叩其脛。

四七

闕《けっ》の村の少年が客のとりつぎをしていた。ある人がたずねた。

「学問のすすんだ人ですか」

先生がいわれた。

「わたしは彼が真ん中に座っているのも見ましたし、先輩と並んで歩くのも見ました。学問をすすめたいというのではなく、早く一人前になりたいというのです」


闕党《けっとう》の童子《どうじ》、命《めい》を将《おこな》う。或人之《あるひとこれ》を問うて曰く、

「益《えき》する者か」。

子曰く、

「吾其《われそ》の位《くらい》に居《お》るを見る。其の先生と並び行くを見る。益を求むる者に非《あら》ず。速《すみ》やかに成《な》らんことを欲する者なり」。


闕党童子将命。或問之曰、益者与。子曰、吾見其居於位也。見其与先生並行也。非求益者也。欲速成者也。

衛霊公第十五《えいれいこう》

一

衛《えい》の霊公《れいこう》が軍隊の配置について、孔子にたずねられた。孔子がおこたえした。「お祭りのおそなえを盛る俎豆のことなら承知していますが、軍隊のことはまだならっておりません」その翌日、孔子は立ち去られた。陳に行かれて食糧が切れてしまい、お供の人たちは病気をして、起き上がれる者はいなかった。子路が怒りをあらわにして、先生にたずねた。

「君子でもいきづまることがありますか」

先生「君子だっていきづまるものだが、小人《しょうじん》はいきづまると取り乱すものだ」

衛の霊公、陳《じん》を孔子に問う。孔子対《こた》えて曰く、「俎豆《そとう》の事は則《すなわ》ち嘗《かつ》て之《これ》を聞けり。軍旅《ぐんりょ》の事は未《いま》だ之を学ばず」。明日遂《めいじつつい》に行《さ》る。陳《ちん》に在《あ》りて糧《りょう》を絶《た》つ。従者病《や》みて能《よ》く興《た》つなし。子路慍《いか》りて見《まみ》えて曰く、「君子も亦《ま》た窮《きゅう》することあるか」。子曰く、「君子固《もと》より窮す。小人窮すれば斯《ここ》に濫《らん》す」。

衛霊公問陳於孔子。孔子対曰、俎豆之事、則嘗聞之矣。軍旅之事、未之学也。明日遂行。在陳絶糧。従者病、莫能興。子路慍見曰、君子亦有窮乎。子曰、君子固窮。小人窮、斯濫矣。

二

先生が（子貢《しこう》に）いわれた。

「賜《し》君、君はわたしのことを、あれこれとたくさん習っておぼえた人だと思っているかな」

子貢がおこたえした。

「そう思っております。違うのですか」

先生「違うとも。わたしの学問は、一つのことが貫いている」

子曰く、「賜や、女《なんじ》は予《よ》を以《もっ》て多く学んで之《これ》を識《しる》す者となるか」。対《こた》えて曰く、「然《しか》り、非《ひ》か」。曰く、「非なり。予は一以《いちもっ》て之を貫《つらぬ》く」。

子曰、賜也、女以予為多学而識之者与。対曰、然。非与。曰、非也。予一以貫之。

▼博雑の恐れがある子貢に対して、自分の学問は主題が一貫していることをいう。

三

先生が（子路《しろ》に）いわれた。
「由《ゆう》よ、徳がわかる人はいないね」

子曰く、
由、徳を知る者は鮮《すく》なし。

子曰、由、知徳者鮮矣。

四

先生がいわれた。
「ことさらに何もしないでいておさめられたのは、舜《しゅん》です。そもそも何をされたのか。わが身をつつしんで、真南に向いておられただけなのです」

子曰く、
無為《むい》にして治《おさ》まる者は其《そ》れ舜なるか。夫《そ》れ何をか為《す》るや。己を恭《うやうや》しうして正しく南面《なんめん》するのみ。

子曰、無為而治者、其舜也与。夫何為哉。恭己正南面而已矣。

五

子張《しちょう》が行なうということについてたずねた。

先生がいわれた。

「言葉には真心をこめ、行ないは手厚くすれば、野蛮な国ですら行なわれよう。言葉に真心がなく、行ないは手厚くないとすれば、州（二千五百軒）や里《り》（二十五軒）の中ですら、行なわれないものだ。立っているときは、真心や手厚さが目の前にあらわれ出ているように見え、車に乗っているときには、真心や手厚さが衡《こう》に寄りかかっているように見える。こうなってこそ、行なわれているといえる」

子張は、これを広帯に書きつけた。

子張行《おこな》われんことを問う。

子曰く、

「言忠信《げんちゅうしん》に、行《おこな》い篤敬《とくけい》なれば、蛮貊《ばんはく》の邦《くに》と雖《いえど》も行わる。言忠信ならず、行い篤敬ならざれば、州里《しゅうり》と雖も行われんや。立てば則《すなわ》ち其《そ》の前に参《まじわ》るを見、輿《よ》に在《あ》れば則ち其の衡《こう》に倚《よ》るを見る。夫《そ》れ然《しか》る後《のち》行われん」。

子張、諸《これ》を紳《しん》に書《しょ》す。

子張問行。子曰、言忠信、行篤敬、雖蛮貊之邦行矣。言不忠信、行不篤敬、雖州里行乎哉。立、則見其参於前也。在輿、則見其倚於衡也。夫然後行。子張書諸紳。

六

先生がいわれた。

「真っ直ぐな人だね、史魚《しぎょ》という人は。国に道が行なわれているときは、まるで矢のようだし、国に道がなくても矢のようだ。君子だね、蘧伯《きょはく》玉《ぎょく》という人は。国に道があれば仕えるし、国に道がなければ、くるんで懐《ふところ》にしまえるのだから」

子曰く、直《ちょく》なるかな史魚。邦《くに》に道《みち》あれば矢の如《ごと》く、邦に道なきも矢の如し。君子なる哉蘧《かなきょ》伯玉。邦に道あれば則《すなわ》ち仕《つか》え、邦に道なければ則ち巻《ま》いて之《これ》を懐《ふところ》にすべし。

子曰、直哉史魚。邦有道如矢、邦無道如矢、君子哉蘧伯玉。邦有道則仕、邦無道則可巻而懐之。

七

先生がいわれた。

「話し合うべきなのに話し合わないと、人材を失う。話し合うべきでないのに話し合うと、言葉を損なう。智の人は、人材を失わず、言葉も損なわない」

子曰、可与言而不与之言、失人。不可与言而与之言。失言。知者不失人、亦不失言。

子曰く、与《とも》に言うべくして之《これ》と言わざれば、人を失う。与に言うべからずして之を言えば、言《げん》を失う。知者《ちしゃ》は人を失わず、亦《ま》た言を失わず。

八

先生がいわれた。

「志《こころざし》のある人物（目的をもっている人）や、仁《じん》の人には、生きたいがために仁を損《そこ》なうことはない。また、わが身を捨てて仁を為《な》し遂《と》げることがある」

子曰、志士仁人、無求生以害仁。有殺身以成仁。

子曰く、志士仁人《ししじんじん》は生《せい》を求めて以《もっ》て仁を害すること無し。身を殺して以て仁を成《な》すこと有り。

九

子貢《しこう》が仁の実践についてたずねた。

先生がいわれた。

「職人が仕事をうまくしようとすれば、必ずまず道具を研《と》ぐ。だから、一つの国にいるときは、その国の大夫《たいふ》の中でも賢い人に仕《つか》え、士《し》の中でも仁の人を友だちにすることだ」


子貢、仁を為《な》すを問う。

子曰く、

「工其《こうそ》の事を善《よ》くせんと欲せば、必ず其の器《き》を利《と》くす。是《こ》の邦《くに》に居《お》るや、其の大夫の賢《けん》者《しゃ》に事《つか》え、其の士の仁者《じんしゃ》を友とす」。


子貢問為仁。子曰、工欲善其事、必利其器。居是邦也、事其大夫之賢者、友其士之仁者。

一〇

顔淵《がんえん》が国のおさめ方をたずねた。

先生がいわれた。

「夏《か》の暦を使い、殷《いん》の輅《ろ》の車に乗り、周《しゅう》の冕《べん》の冠を祭のときに着ける。音楽は韶《しょう》の舞であり、鄭《てい》の歌は禁じ、口上手を遠ざける。鄭の歌は淫《みだ》らだし、口上手の者は危険だから」


顔淵、邦《くに》を為《おさ》むるを問う。

子曰く、

「夏の時を行い、殷の輅に乗り、周の冕を服《ふく》し、楽《がく》は則《すなわ》ち韶舞《しょうぶ》し、鄭声《ていせい》を放《はな》ち、佞人《ねいじん》を遠《とお》ざく。鄭声は淫《いん》にして、佞人は殆《あやう》し」。


顔淵問為邦。子曰、行夏之時、乗殷之輅、服周之冕、楽則韶舞、放鄭声、遠佞人。鄭声淫、佞人殆。

一二

先生がいわれた。
「遠く思いめぐらすことがないと、必ず身近な心配ごとが起こるものだ」

子曰、人無遠慮、必有近憂。

子曰く、人遠き慮《おもんぱか》り無ければ、必ず近き憂《うれ》い有り。

一三

先生がいわれた。
「もう駄目かな、美人を好むほどに徳を好む人を見たことがないから」

子曰、已矣乎、吾未見好徳如好色者也。

子曰く、已《やん》ぬるかな、吾《われ》未《いま》だ徳《とく》を好《この》むこと色《いろ》を好むが如《ごと》き者を見ざるなり。

一三

先生がいわれた。
「臧文仲《ぞうぶんちゅう》は位《くらい》を盗むどろぼうじゃないか。柳《りゅう》下恵《かけい》が賢いことがわかっていながら、一緒にお仕《つか》えしないのだから」

子曰く、
臧文仲は其《そ》れ位を竊《ぬす》む者《もの》か。
柳下恵の賢《けん》を知って与《とも》に立《た》たず。

子曰、臧文仲、其竊位者与。知柳下恵之賢、而不与立也。

一四

先生がいわれた。
「自分自身には手厳しくして、他人を咎めるときは控えめにすると、他人から怨まれることが遠ざかる」

子曰く、
躬自《みみずか》ら厚《あつ》うして薄《うす》く人を責《せ》むれば、則《すなわ》ち怨《うら》みに遠《とお》ざかる。

子曰、躬自厚而薄責於人、則遠怨矣。

一五

先生がいわれた。
「『どうしたらいいのだろうか、どうしたらいいのだろうか』と模索しない人は、どうにも手の打ちようがない」

子曰く、之《これ》を如何《いかん》、之を如何と曰《いわ》ざる者《もの》は、吾《われ》之を如何ともする末《な》きのみ。

子曰、不曰如之何如之何者、吾末如之何也已矣。

一六

先生がいわれた。
「みんなで一日中集まっていながら、義《ぎ》のことを話題にせず、好《この》んで小ざかしい知恵をめぐらすようでは、ひどい目にあうよ」

子曰く、
群居終日《ぐんきょしゅうじつ》、言義《げんぎ》に及ばず、好んで小慧《しょうけい》を行《おこな》う。難《かた》いかな。

子曰、群居終日、言不及義、好行小慧。難矣哉。

一七

先生がいわれた。
「君子は、正義を基本にして、礼によって行ない、謙遜して示し、誠実にして仕上げる。これこそが君子だ」

子曰、君子義以為質、礼以行之、孫以出之、信以成之。君子哉。

子曰く、
君子は義以《もっ》て質《しつ》となし、礼以て之《これ》を行い、孫《そん》以て之を出し、信《しん》以て之を成《な》す。君子なるかな。

一八

先生がいわれた。
「君子は才能がないことを気にやむもので、他人が自分を理解してくれないことは、気にかけない」

子曰、君子病無能焉。不病人之不己知也。

子曰く、
君子は能《よ》くすること無きを病《うれ》う。人の己《おのれ》を知らざるを病えず。

一九　先生がいわれた。
「君子の悩みは、死ぬまでに名がたたえられないのではないかということだ」

子曰、君子疾没世而名不称焉。

子曰く、
君子は世を没するまで名《な》の称《しょう》せられざるを疾《にく》む。

二〇　先生がいわれた。
「君子は自分自身に求めるが、小人《しょうじん》は他人に求める」

子曰、君子求諸己、小人求諸人。

子曰く、
君子は諸《これ》を己《おのれ》に求め、小人は諸を人に求む。

二二

先生がいわれた。
「君子は、プライドは高いが争わない。大勢といても徒党を組まない」

子曰、君子矜而不争、群而不党。

子曰く、
君子は矜《きょう》にして争わず、群《ぐん》して党《とう》せず。

二三

先生がいわれた。
「君子は言葉がよいからといって、その人をもちいたりしないし、逆に、人柄が悪いからといって、その人の言葉を無視することもしない」

子曰、君子不以言挙人、不以人廃言。

子曰く、
君子は言《げん》を以《もっ》て人を挙《あ》げず、人を以て言を廃《はい》せず。

二三

子貢《しこう》がたずねた。

「たった一言で、一生涯かけて信条にできる言葉がございますか」

先生がいわれた。

「それは、恕《じょ》（思いやり）だね。自分がいやなことは人に押しつけないことだ」

子貢問うて曰く、

「一言《いちげん》にして以《もっ》て終身之《しゅうしんこれ》を行《おこな》うべき者《もの》あるか」。

子曰く、

「其《そ》れ恕か。己《おのれ》の欲《ほっ》せざる所《ところ》人《ひと》に施《ほどこ》す勿《なか》れ」。


子貢問曰、有一言而可以終身行之者乎。子曰、其恕乎。己所不欲、勿施於人。

▼『論語』の中に「一言」を求める質問がみられる。身を世に処して生きていく上での鍵言葉（キーワード）として、ここでは「恕」を言う。『論語』で最も強調されたのは「仁」であるが、これを朱子は「心の徳・愛の理」と定義する。誰もがもっている人間らしく生きる能力、他人を愛する時の正しいありかたという意味である。「恕」は、仁のはたらきである。愛は常軌を逸脱することがあるが、「恕」にはそれはない。

二四

先生がいわれた。
「わたしは他人について、誰かをそしったり誰かをほめたりはしない。もしほめたとすれば、ためしたのである。今どきの人民も、三《さん》代《だい》（夏《か》と商《しょう》と周《しゅう》の三代）のときに正直な道を実践した人たちと同じなのだから」

子曰く、
吾《われ》の人に於《お》ける、誰《たれ》をか毀《そし》り誰をか誉《ほ》めん。如《も》し誉《ほ》むる所の者あらば、其《そ》れ試《こころ》みる所あるなり。斯《こ》の民や三代の直《ちょく》道《どう》にして行う所以《ゆえん》なり。

子曰、吾之於人也、誰毀誰誉。如有所誉者、其有所試矣。斯民也、三代之所以直道而行也。

▼三代とは、理想的人格である聖人が王者の位にあって、王道政治を実践した時代である。だから、一般人民は本来の善性を実現していた黄金時代であった。今の人民もそれと本質には変わらないという認識があるので、孔子は他人をあれこれとほめたりそしったりはしないのだという。

二五

先生がいわれた。
「わたしは、記録が空白になっているのも、馬を持っている人が他人に貸して乗らせたことも見たが、今ではもうなくなってしまった」

子曰く、
吾は、猶《な》お史《し》の文《ぶん》を闕《か》き、馬《うま》ある者は人に借《か》して之《これ》に乗らしむるに及べり。今は亡《な》きかな。

子曰、吾猶及史之闕文也、有馬者借人乗之。今亡矣夫。

二六

先生がいわれた。
「たくみな言葉は、聞く人の徳を乱す。小さいことをしのがないと、大きな計画が成就しない」

子曰く、
巧言《こうげん》は徳を乱《みだ》る。小《しょう》を忍ばざれば則《すなわ》ち大謀《たいぼう》を乱る。

子曰、巧言乱徳。小不忍、則乱大謀。

二七

先生がいわれた。

「大勢の人が憎めば、その原因を必ず調べてみる。大勢の人が喜べば、その原因を必ず調べてみる」

子曰、衆悪之、必察焉、衆好之、必察焉。

子曰く、衆《しゅう》之《これ》を悪《にく》むも必ず察《さっ》し、衆之を好《この》むも必ず察す。

二八

先生がいわれた。

「人は道をひろめることができるが、道が人をひろめるのではない」

子曰、人能弘道、非道弘人。

子曰く、人《ひと》能《よ》く道《みち》を弘《ひろ》む。道の人を弘むるに非《あら》ず。

二九

先生がいわれた。
「過ちを犯しても改めない。これこそが、過ちというものだ」

子曰、過而不改、是謂過矣。

子曰く、
過《あやま》って改《あらた》めざる、是《これ》を過ちと謂《い》う。

三〇

先生がいわれた。
「わたしは、こころみに一日中飯も食わず、一晩中寝ないで考えたが、得るものがなかった。やはり、学んだほうがよい」

子曰、吾嘗終日不食、終夜不寝、以思。無益。不如学也。

子曰く、
吾《われ》嘗《かつ》て終日《しゅうじつ》食《くら》わず、終夜《しゅうや》寝《い》ねず、以《もっ》て思えり。益《えき》なし。学ぶに如《し》かざるなり。

三一

先生がいわれた。

「君子《くんし》は道のことを工夫するが、食べ物のことは工夫しない。耕しても飢えることがある。学問をすれば禄《ろく》はもらえる。君子は道のことを心配するが、貧乏なことは心配しない」

子曰く、

君子は道を謀《はか》りて食《しょく》を謀らず。耕《たがや》すや餒《うえ》其《そ》の中《うち》に在《あ》り、学ぶや禄《ろく》其の中に在り、君子は道を憂《うれ》えて貧《ひん》を憂えず。

子曰、君子謀道不謀食。耕也餒在其中矣、学也禄在其中矣。君子憂道不憂貧。

三二

先生がいわれた。

「知識としてわかっても、仁として守ることができなければ、たとえ身につけても、必ず失う。

知識としてわかり、仁として守ることができても、威儀正しくして人民にのぞまなかったならば、人民は敬《うやま》わない。知識としてはわかり仁として守ることができ威儀正しくのぞんでも、礼のきまりで人民を動かさなければ、まだよいとはいえない」

子曰く、知之《ちこれ》に及《およ》ぶとも、仁《じん》之を守ること能《あた》わざれば、之を得《う》と雖《いえど》も、必ず之を失う。知之に及び、仁能《よ》く之を守るとも、荘《そう》以《もっ》て之に涖《のぞ》まざれば、則《すなわ》ち民敬《けい》せず。知之に及び、仁能く之を守り、荘以て之に涖むとも之を動かすに礼《れい》を以てせざれば、未《いま》だ善《ぜん》ならざるなり。

子曰、知及之、仁不能守之、雖得之、必失之。知及之、仁能守之、不荘以涖之、則民不敬。知及之、仁能守之、荘以涖之、動之不以礼、未善也。

三三

先生がいわれた。
「君子は、小さいことでは見分けられないが、大きいことなら引き受けられる。小人《しょうじん》は大きいことは引き受けられないが、小さいことで見分けられる」

子曰、君子不可小知、而可大受也。小人不可大受、而可小知也。

子曰く、
君子は小知《しょうち》すべからず、而《しか》して大受《たいじゅ》すべし。小人は大受すべからず、而して小知すべし。

三四

先生がいわれた。
「人民にとっては、仁は火や水より大切である。水や火は飛び込んで死ぬものを見たことがあるが、仁に踏み込んで死んだ人は見たことがない」

子曰、民之於仁也、甚於水火。水火吾見踏而死者矣。未見踏仁而死者也。

子曰く、
民《たみ》の仁《じん》に於《お》ける、水火《すいか》より甚《はなは》だし。水火は吾《われ》踏《ふ》んで死する者《もの》を見る。未《いま》だ仁を踏んで死する者を見ず。

三五 先生がいわれた。
「仁にかけては師匠にも遠慮しない」

子曰、当仁不譲於師。

子曰く、
仁に当《あた》っては師《し》に譲《ゆず》らず。

三六 先生がいわれた。
「君子は節操は固いが、やみくもにがんばることはしない」

子曰、君子貞而不諒。

子曰く、
君子は貞《てい》にして諒《りょう》ならず。

三七　先生がいわれた。
「君主に仕《つか》えるには、その仕事を大切にして俸禄《ほうろく》のことは後回しにすることだ」

子曰、事君、敬其事、而後其食。

子曰く、君に事《つか》うるには、其《そ》の事《こと》を敬《けい》して其の食《しょく》を後《のち》にす。

三八　先生がいわれた。
「人は教育次第でかわり、気質の差はない」

子曰、有教無類。

子曰く、教えありて類《るい》なし。

三九 先生がいわれた。
「志《こころざ》す道が同じでなければ、一緒に相談はしない」

子曰、道不同、不相為謀。

子曰く、道《みち》同じからざれば、相為《あいため》に謀《はか》らず。

四〇 先生がいわれた。
「言葉は意味が通じさえすればよい」

子曰、辞達而已矣。

子曰く、辞《じ》は達《たつ》して已《や》む。

四一

盲目の音楽師である冕《べん》が会いに来た。階段まで来ると先生がいわれた。「階段ですよ」座席まで来ると先生がいわれた。「お席です」皆が座ると、先生は「だれそれはここに、だれそれはここに」と教えた。

音楽師の冕が帰ったあと、子張《しちょう》がたずねた。

「音楽師にあのようにされたのは、道にのっとったことなのですか」

先生がいわれた。

「もとから音楽師を助ける道なのだ」

師《し》冕見《まみ》ゆ。階《かい》に及《およ》べり。子曰く、「階なり」。席《せき》に及べり。子曰く、「席なり」。皆坐《ざ》す。子之《しこれ》に告《つ》げて曰く、「某《それがし》は斯《ここ》に在《あ》り。某は斯に在り」。師冕出づ。子張問うて曰く、「師と言《い》うの道か」。子曰く、「然《しか》り、固《まこと》に師を相《たす》くるの道なり」。

師冕見。及階。子曰、階也。及席。子曰、席也。皆坐。子告之曰、某在斯。某在斯。師冕出。子張問曰、与師言之道与。子曰、然、固相師之道也。

▼『詩経』周頌・有瞽の時代に、すでに盲目の人は聴覚が秀れているので音楽師にされたという。

季氏《きし》第十六

一　季氏《きし》が顓臾《せんゆ》を攻めようとしていた。
冉有《ぜんゆう》（冉求）と季路《きろ》（子路）が、孔子にお会いしてたずねた。

「季氏が顓臾に何かしかけようとしています」

孔子「冉求よ、君が間違っているのではないか。そもそも顓臾は、昔、先王が東蒙《とうもう》の祭主にさせてやったのだ。その上、この魯の国の中にいる、普代の家臣なのだ。どうして攻めるのか」

冉有「あの方（季氏）がそうしようとされている

季氏将《まさ》に顓臾を伐《う》たんとす。

冉有季路、孔子に見《まみ》えて曰く、「季氏将に顓臾に事あらんとす」。孔子曰く、「求、乃《すなわ》ち爾《なんじ》の是れ過《あやま》てる無からんや。夫《そ》れ顓臾は昔者《むかし》先王以て東蒙の主と為《な》す。且つ邦域《ほういき》の中《うち》に在《あ》り。是れ社稷《しゃしょく》の臣なり。何ぞ伐つを以て為さん」。

冉有曰く、「夫子《ふうし》之《これ》を欲す。

のです。われわれ二人はしたくないのです」

孔子「冉求よ。周任《しゅうにん》のことばに『力を尽くして職にあたり、だめな時はやめる』とあるが、あやうくても支えてあげない、転んでも助けてあげないとしたら、いったい手助けなどいるものかね。その上、君の言うことは間違っている。虎や野牛が檻から逃げ、亀の甲や宝玉が函の中でこわれたら、それは誰の過ちだろうか」

冉有「今あの顓臾の城郭は堅固な構えで、費（季氏の領地の町）の近くですから、今のうちに取らないと、のちの代に必ず子孫の憂いになります」

孔子「冉求よ。君子は、ほしいと言うべきところを言わないで必ず言い訳することを憎むもの

吾《われ》二臣は皆欲せざるなり」。

孔子曰く、「求、周任言えることあり、曰く、『力を陳《の》べて列に就《つ》き、能《あた》わざれば止《や》む』と。危くして持せず、顚《くつがえ》りて扶《たす》けずんば、則ち将た焉んぞ彼の相を用いん。且つ爾の言過てり。虎兕《じ》柙《こう》より出で、龜玉《きぎょく》櫝《とく》中に毀《やぶ》るれば、是誰の過ちぞや」。冉有曰く、「今夫の顓臾は、固くして費に近し、今取らずんば、後世必ず子孫の憂いを為さん」。孔子曰く、「求、君子は夫の之を欲すと曰うを舎き、而し

だ。わたしはこう聞いている。『国をおさめ家をおさめるものは、民が少ないことは気にかけずに、公平でないことを気にかける。貧しいことを気にかけずに、平安でないことを気にかけるものだ』と。つまり、公平であれば、誰かが貧しいということはない。平和であれば、人民が少ないことはない。平安であれば、傾くことがない。そもそもこういうことだから、遠くの人が服従しなければ、文の徳（力）を身につけて、なつくようにしむけるし、なついてきたら、平安にさせる。それなのに、由（子路）と冉求とは、あの方（季氏）を助けていながら、遠くの人（顓臾）が服従しないのに、なつかせることもできず、国がばらばらに分かれているのに、守ること

て必ず之が辞を為すを疾む。丘《きゅう》や聞く、『国を有《たも》ち家を有つ者は、寡《すく》なきを患《うれ》えずして均《ひと》しからざるを患う。貧しきを患えずして安《やす》かざるを患う』と。蓋《けだ》し、均しければ貧しきこと無く、和《やわ》らげば寡なきことなく、安ければ傾くことなし。夫《そ》れ是《かく》の如《ごと》し。故《ゆえ》に遠人服《えんじんふく》せざれば即《すなわ》ち文徳《ぶんとく》を脩《おさ》めて以て之を来す。既に之を来せば則ち之を安んず。今由と求とは、夫子《ふうし》を助け、遠人服せざれども来《きた》す能《あた》わず。邦《くに》分《ぶん》崩離析《せき》すれども守る能わず。

もできない。そのくせ、国内で武器を動かす計画をしている。わたしは思うのだが、季孫さんの心配ごとは、顓臾じゃなくて、むしろ塀の内側にあるのだ」

而《しか》して干戈《かんか》を邦内《ほうだい》に動かさんことを謀《はか》る。吾は恐る、季孫の憂いは顓臾に在《あ》らずして簫《しょう》墻《しょう》の内に在らんことを」。

季氏将伐顓臾。冉有季路見於孔子曰、季氏将有事於顓臾。孔子曰、求、無乃爾是過与。夫顓臾、昔者先王以為東蒙主。且在邦域之中矣。是社稷之臣也。何以伐為。冉有曰、夫子欲之。吾二臣者、皆不欲也。孔子曰、求、周任有言、曰、陳力就列、不能者止。危而不持、顛而不扶、則将焉用彼相矣。且爾言過矣。虎兕出於柙、龜玉毀於櫝中、是誰之過与。冉有曰、今夫顓臾、固而近於費、今不取、後世必為子孫憂。孔子曰、求、君子疾夫舎曰欲之、而必為之辞。丘也聞、有国有家者、不患寡而患不均。不患貧而患不安。蓋均無貧、和無寡、安無傾。夫如是、故遠人不服、則脩文徳以来之。既来之、則安之。今由与求也、相夫子、遠人不服而不能來也。邦分崩離析而不能守也。而謀動干戈於邦内。吾恐季孫之憂不在顓臾、而在簫墻之内也。

二

孔子がいわれた。

「天下に道がある時は、礼楽《れいがく》や征伐《せいばつ》は天子から出される。天下に道がない時は、礼楽や征伐は諸侯から出される。諸侯から出されると、およそ十世代の間に失敗しないものはない。大夫《たいふ》から出されると、五代の間に失敗しないものはない。陪臣が国のかなめを握ると、三世代の間に失敗しないものはない。天下に道があれば、政治の実権は大夫の手に落ちないし、天下に道があれば、下々のものは政治むきの話はしないものだ」

孔子曰く、

天下《てんか》道《みち》あれば則《すなわ》ち礼楽征伐天子より出づ。天下道なければ則ち礼楽征伐諸侯《しょこう》より出づ。諸侯より出づれば、蓋《けだ》し十世失わざること希《まれ》なり。大夫より出づれば五世失わざること希なり。陪臣国命《ばいしんこくめい》を執《と》れば、三世失わざること希なり。天下道あれば則ち政《まつりごと》大夫に在《あ》らず。天下道あれば則ち庶人《しょじん》議《ぎ》せず。

孔子曰、天下有道、則礼楽征伐自天子出。天下無道、則礼楽征伐自諸侯出。自諸侯出、蓋十世希不失矣。自大夫出、五世希不失矣。陪臣執国命、三世希不失矣。天下有道、則政不在大夫。天下有道、則庶人不議。

三

孔子がいわれた。

「禄《ろく》が公室をはなれてから五代になる。政治の実権が大夫に移って四代になる。だから、あの三桓《さんかん》（桓公の子孫）が衰えたのだ」

孔子曰く、

禄の公室を去ること五世、政大夫に逮《およ》ぶこと四世。故《ゆえ》に夫《か》の三桓の子孫微《び》なり。

孔子曰、禄之去公室、五世矣、政逮於大夫、四世矣。故夫三桓之子孫、微矣。

四

孔子がいわれた。

「利益になる友だちが三通り、損失になる友だちが三通り。正直な人を友とし、誠の人を友とし、物知りの人を友とすれば、利益になる。もったいぶった人を友とし、へつらい上手を友とし、口先の上手な人を友とすれば、損失になる」

孔子曰く、益者三友《えきしゃさんゆう》。損者《そんしゃ》三友。直《ちょく》を友とし、諒《りょう》を友とし、多聞《たぶん》を友とするは、益なり。便辟《べんぺき》を友とし、善柔《ぜんじゅう》を友とし、便佞《べんねい》を友とするは、損なり。

孔子曰、益者三友。損者三友。友直、友諒、友多聞、益矣。友便辟、友善柔、友便佞、損矣。

五

孔子がいわれた。

「利益になる楽しみが三通り、損失になる楽しみが三通り。礼楽をきちっとする楽しみ、他人の長所をいう楽しみ、賢い友だちの多いのを楽しむのは、利益になる。わがままかってを楽しみ、だらしなく遊ぶのを楽しみ、酒盛りを楽しむのは、損失になる」

孔子曰く、益者三楽《さんこう》、損者三楽。礼楽を節するを楽《この》み、人の善を道《い》うを楽み、賢友多きを楽むは、益なり。驕楽《きょうらく》を楽み、佚遊《いつゆう》を楽み、宴楽《えんらく》を楽むは、損なり。

孔子曰、益者三楽、損者三楽。楽節礼楽、楽道人之善、楽多賢友、益矣。楽驕楽、楽佚遊、楽宴楽、損矣。

六

孔子がいわれた。

「君子のおそばにいる時は、三通りの過ちがある。まだ言うべき時でないのに言うのをせっかちといい、言うべき時なのに言わないのを隠すといい、顔色もみないで言うのを目が見えないという」

孔子曰く、

君子に侍《じ》するに三愆《さんえん》あり。言《げん》未《いま》だ之《これ》に及ばずして言う。之を躁《そう》と謂《い》う。言之に及んで言わず。之を隠《いん》と謂う。未だ顔《がん》色《しょく》を見ずして言う。之を瞽《こ》と謂う。

孔子曰、侍於君子有三愆。言未及之而言、謂之躁。言及之而不言、謂之隱。未見顔色而言。謂之瞽。

七

孔子がいわれた。

「君子には戒めが三つある。若い時は血気がまだ定まっていないから、その戒めは女色についてである。壮年になると血気がまさしく盛んだから、その戒めは争いについてである。老人になると血気は衰えるから、その戒めは欲得についてである」

孔子曰く、
君子に三戒《さんかい》あり。少《わか》き時は、血気《けっき》未だ定まらず。之《これ》を戒《いまし》むること色《いろ》に在《あ》り。其《そ》の壮《そう》なるに及んでは、血気方《まさ》に剛《ごう》なり。之を戒むること闘《たたか》うに在り。其の老《お》ゆるに及んでは、血気既《すで》に衰《おとろ》う。之を戒むること得るに在り。

孔子曰、君子有三戒。少之時、血気未定、戒之在色。及其壮也、血気方剛。戒之在闘。及其老也、血気既衰。戒之在得。

八

孔子がいわれた。

「君子には畏ればかることが三つある。それは、天命《てんめい》を畏れ、大人《たいじん》を畏れ、聖人の言葉を畏れることだ。小人《しょうじん》は天命を知らないので畏れないものだ。大人には馴れ馴れしくし、聖人の言葉を侮《あなど》る」

孔子曰く、君子に三畏《さんい》あり。天命を畏《おそ》れ、大人を畏れ、聖人の言を畏る。小人は天命を知らずして畏れず、大人に狎《な》れ、聖人の言を侮る。

孔子曰、君子有三畏。畏天命、畏大人、畏聖人之言。小人不知天命而不畏也、狎大人。侮聖人之言。

九

孔子がいわれた。

「生まれつき理解力のある人は、上級である。学んで理解する人はその次の等級だ。苦労して学ぶ人は、さらに次の等級だ。苦労するからといって学ばないという人たちこそ、一番下級である」

孔子曰く、生まれながらにして之《これ》を知る者は上《じょう》なり。学んで之を知る者は次《つぎ》なり。困《くる》しんで之を学ぶは又其《そ》の次なり。困しんで学ばず、民斯《たみこれ》を下《げ》となす。

孔子曰、生而知之者上也。学而知之者次也。困而学之又其次也。困而不学、民斯為下矣。

一〇

孔子がいわれた。

「君子には思うことが九つある。視《み》る時ははっきり見たいと思い、聴く時にはちゃんと聞きたいと思い、顔色は穏やかでありたいと思い、姿は恭しいと思い、言葉は誠でありたいと思い、仕事は大切にしたいと思い、疑わしいことは問いたいと思い、怒る時にはあとの面倒を思い、所得がある時には道義を思うことである」

孔子曰く、

君子に九思《きゅうし》あり。視ることは明《めい》を思い、聴くことは聡《そう》を思い、色は温《おん》を思い、貌《かたち》は恭《きょう》を思い、言《げん》は忠《ちゅう》を思い、事《こと》は敬《けい》を思い、疑わしきは問いを思い、忿《いか》りには難《なん》を思い、得るを見ては義《ぎ》を思う。

孔子曰、君子有九思。視思明、聴思聡、色思温、貌思恭、言思忠、事思敬、疑思問、忿思難、見得思義。

二

孔子がいわれた。

「善いことを見れば追いつけないのではないかと努力し、善くないことを見れば熱湯に手を入れた時のようにすぐにやめるという人を、わたしは見たし、そのような言葉も聞いた。家に引きこもって自分の志を立てようとし、正義を行なって自分の道を達成しようとするという言葉を聞いた。だが、それを実践した人を見たことがない」

孔子曰く、

「『善を見ては及ばざるが如くし、不善《ふぜん》を見ては湯《ゆ》を探るが如くす』。吾《われ》其《そ》の人を見る。吾其の語を聞く。『隠居して以《もっ》て其の志を求め、義を行《おこな》って以て其の道を達す』。吾其の語を聞く。未《いま》だ其の人を見ず」。

孔子曰、見善如不及、見不善如探湯。吾見其人矣、吾聞其語矣。隠居以求其志、行義以達其道。吾聞其語矣、未見其人也。

一二　孔子がいわれた。

「『詩経』に、『まことに人に称讃されるのは富の力ではなく、ひとえに常人と異なるからです』（小雅・我行其野篇）とある。斉《せい》の景公《けいこう》は四千頭もの馬を持っていたが、死んだ時に、その人民は景公を徳のある人だとほめた人はいなかった。伯夷《はくい》・叔斉《しゅくせい》は首陽山のふもとで飢え死にしたが、人民は今にいたるまでほめている。『詩経』は、このことをいうのだろうか」

孔子曰く、『誠に富を以《もっ》てせず、亦《ま》た祇《まさ》に異なるを以てす』と。斉の景公馬千駟《うませんし》あり。死するの日、民徳《たみとく》として称《しょう》するなし。伯夷・叔斉首陽の下に餓《う》う。民今に到るまで之《これ》を称す。其《そ》れ斯《これ》を之《こ》れ謂《い》うか。

孔子曰、誠不以富、亦祇以異。斉景公馬千駟。死之日、民無徳而称焉。伯夷叔斉、餓于首陽之下。民到于今称之。其斯之謂与。

▼朱子は、冒頭に「孔子曰」があるべきであり、顔淵篇第十条の文末にあった『詩経』小雅・我行其野篇の二句「誠不以富、亦祇以異」は、ここにあるべきだという。

一三

陳亢《ちんこう》が伯魚《はくぎょ》（孔子の子）にたずねた。

「あなたは（息子だから）特別のお話でも聞かれましたか」

伯魚が答えた。

「いいえ、ありません。昔、父がひとりで立っております時、わたしが小走りで庭を通り過ぎますと、父は『詩を学んだか』といいました。わたしが『まだです』と答えますと、父が『詩を学ばないと物がいえない』といいました。そこで、わたしはひきさがって詩を学びました。別な日に、父がひとりで立っております時、わたしが小走りで庭を通り過ぎますと、父は『礼を学んだか』といいました。わたしが『まだです』と答えますと、父が『礼を学ばないと自立できない』といいまし

陳亢、伯魚に問うて曰く、「子も亦《ま》た異聞《いぶん》あるか」。対《こた》えて曰く、「未《いま》だし。嘗《かつ》て独り立つ。鯉《り》趨《はし》って庭を過ぐ。曰く、『詩を学びたりや』。対えて曰く、『未だし』『詩を学ばざれば以て言うなし』。鯉退《しりぞ》いて詩を学べり。他日又独り立つ。鯉趨って庭を過ぐ。曰く、『礼を学びたりや』。対えて曰く、『未だし』『礼を学ばざれば以て立つなし』。鯉退いて礼を学べり。斯《こ》の二者《にしゃ》を聞けり」。陳亢退いて喜んで曰く、

た。そこでわたしはひきさがって礼を学びました。この二つのことを聞きました」

陳亢は退出すると、喜んでいった。

「一つのことをたずねて三つのことがわかった。詩のことを聞き、礼のことを聞き、それに君子が自分の子どもを近づけないことを聞いた」

「一を問いて三を得たり。詩を聞き礼を聞き、又君子の其の子を遠ざくるを聞けり」。

陳亢問於伯魚曰、子亦有異聞乎。対曰、未也。嘗独立。鯉趨而過庭。曰、学詩乎。対曰、未也。不学詩無以言。鯉退而学詩。他日又独立。鯉趨而過庭。曰、学礼乎。対曰、未也。不学礼、無以立。鯉退而学礼。聞斯二者。陳亢退而喜曰、問一得三。聞詩聞礼、又聞君子之遠其子也。

一四

「国君の妻のことを君主が呼ばれる時は夫人といい、夫人が自分で自分をいう時は小童《しょうどう》という。国の人々が呼ぶ時は君夫人《くんぷじん》といい、外国にたいしていう時は寡小君《かしょうくん》といい、外国の人がいう時は、やはり君夫人という」

邦君《ほうくん》の妻《さい》、君之《きみこれ》を称して夫人《ふじん》と曰う。夫人自《みずか》ら称して小《しょう》童《どう》と曰う。邦人之を称して君《くん》夫人《ぷじん》と曰う。諸《これ》を異邦《いほう》に称して寡小君《かしょうくん》と曰う。異邦の人之を称して亦《ま》た君夫人と曰う。

邦君之妻、君称之曰夫人。夫人自称曰小童。邦人称之曰君夫人。称諸異邦曰寡小君。異邦人称之亦曰君夫人。

陽貨《ようか》第十七

一　陽貨《ようか》（季氏の臣下）が孔子に会おうとしたが、先生は会いに行かれなかったので、先生に豚をおくった。そこで先生は陽貨が留守なのをみはからって、挨拶に行かれたが、道で会ってしまった。その時、陽貨が孔子に向かっていった。

陽貨「さあ、わたしはあなたに話したいことがある」

陽貨、孔子を見んと欲す。孔子見《まみ》えず。孔子に豚を帰《おく》れり。孔子其の亡《な》きを時として、往《ゆ》いて之《これ》を拝す。諸《これ》に塗《みち》に遇《あ》えり。孔子に謂いて曰く、「来れ予爾と言わん」。曰く、「其の宝を懐いて其の邦を迷わす、仁と謂うべきか」。

陽貨「宝物をいだきながら国を迷わせたままにするのは、仁《じん》といえますか」
孔子「いえません」
陽貨「政治に従事したがりながら、しばしば時機を失っても仁といえますか」
孔子「いえません」
陽貨「月日は流れるし、年は待ってません」
孔子「はい、わたしは出仕しようと思います」

曰く、「不可なり」。

「事に従うを好んで亟《しばしば》時を失う。知と謂うべきか」。

曰く、「不可なり」。

「日月《じつげつ》逝《ゆ》く、歳《とし》我と与《とも》ならず」。

孔子曰く、

「諾《だく》、吾将《まさ》に仕《つか》えんとす」。


陽貨欲見孔子。孔子不見。帰孔子豚。孔子時其亡也、而往拝之。遇諸塗。謂孔子曰、来、予与爾言。曰、懐其宝而迷其邦、可謂仁乎。曰、不可。好従事而亟失時。可謂知乎。曰、不可。日月逝矣、歳不我与。孔子曰、諾、吾将仕矣。

二

先生がいわれた。
「生まれつきには個人差は小さいのに、習慣のなかで個人差は大きくなるものだ」

子曰、性相近也、習相遠也。

子曰く、
性《せい》は相《あい》近し、習《なら》えば相遠《あいとお》し。

三

先生がいわれた。
「ただ、一番賢いものと、一番愚かなものだけは、（どんな習慣をうけても）変化しないものだ」

子曰、唯上知与下愚不移。

子曰く、
唯《ただ》上知《じょうち》と下愚《かぐ》とは移らず。

四

先生は武城《ぶじょう》に行かれて絃歌《げんか》の声（琴の音と歌声）を聞かれた。先生はにっこり笑っていわれた。

「鶏をさばくのに、どうして牛切包丁を使うのか」

子游《しゆう》がおこたえしていった。

「昔、わたくしは先生にお聞きしました。『君子が道を学ぶと人々を愛し、小人が道を学ぶと使いやすくなる』と」

先生「諸君、偃《えん》君（子游）の言うのが正しい。さっきの発言は、からかっただけだ」

子、武城に之《ゆ》き、絃歌の声を聞く、夫子《ふうし》莞爾《かんじ》として笑うて曰く、「鶏を割《さ》くに焉《な》んぞ牛刀を用いん」。子游対えて曰く、「昔者《むかし》偃や諸《これ》を夫子に聞けり。曰く、『君子道を学べば則ち人を愛し、小人道を学べば則ち使い易し』と」。子曰く、「二三子《にさんし》、偃の言《げん》是《ぜ》なり。前言《ぜんげん》は之に戯《たわむ》るるのみ」。

子之武城、聞絃歌之声、夫子莞爾而笑曰、割鶏焉用牛刀。子游対曰、昔者偃也聞諸夫子。曰、君子学道則愛人、小人学道則易使也。子曰、二三子、偃之言是也。前言戯之耳。

五

公山弗擾《こうざんふつじょう》（季氏の宰）が費《ひ》にたてこもってそむいた時に、孔子を呼び出したので、先生は行こうとされた。子路は喜ばずにいった。

「いらっしゃらないほうがいいですよ。どうしてわざわざ公山のところへ行かれるのですか」

先生がいわれた。

「わたしを呼び出したのだから、無駄ではない。もし、わたしを任用してくれる人がいたら、わたしは東の周を実現してみせよう」

公山弗擾、費を以《もっ》て畔《そむ》く。召《よ》ぶ。子往《しゅ》かんと欲す。子路説ばずして曰く、「之《ゆ》くこと末《な》きのみ。何ぞ必ずしも公山氏に之れ之《ゆ》かんや」。子曰く、「夫《そ》れ我を召ぶ者にして豈徒《あにと》ならんや。如《も》し我を用うる者有らば、吾は其れ東周を為《な》さんか」。

公山弗擾以費畔。召。子欲往。子路不説曰、末之也已。何必公山氏之之也。子曰、夫召我者豈徒哉。如有用我者、吾其為東周乎。

六

子張《しちょう》が仁《じん》のことを孔子《こうし》にたずねた。

孔子がいわれた。

「五つのことを天下に実施することができたら仁といえる」

さらにおたずねした。孔子がいわれた。

「うやうやしく、心ひろく、誠があり、敏速で、恵み深いことだ。うやうやしいと馬鹿にされないし、心がひろいと人望を得るし、誠があれば人から頼られる。敏速だと成果があがるし、恵み深いと十分に人がつかえるものだ」

子張、仁を孔子に問う。

孔子曰く、「能《よ》く五者《ごしゃ》を天下に行《おこな》うを仁と為《な》す」。

之を請い問う。

曰く、「恭《きょう》・寛《かん》・信《しん》・敏《びん》・恵《けい》。恭なれば則ち侮《あなど》らず。寛なれば則ち衆を得。信なれば則ち人任《ひとにん》ず。敏なれば則ち功あり。恵なれば則ち以て人を使うに足る」。

子張問仁於孔子。孔子曰、能行五者於天下、為仁矣。請問之。曰、恭・寛・信・敏・恵。恭則不侮。寛則得衆。信則人任焉。敏則有功。恵則足以使人。

七

仏肸《ひっきつ》（晋《しん》の大夫《たいふ》）が先生を呼び出したので、先生が行こうとされた。子路がたずねた。

「昔、私は先生から聞いております。『みずからその身に善くないことをする人には、君子はその仲間に入らないものです』と。仏肸は中牟《ちゅうぼう》にたてこもってそむいているのに、先生が行かれるのはいかがかと思います」

先生がいわれた。

「たしかにそのようにいった。だが、堅いといわないか、研《と》いでも薄くならないものは。白いとはいわないか、黒土をつかってても黒くならないものは。わたしはいったい匏《ふくべ》だろうか。どうしてぶらさがったまま食べられずにいられようか」

仏肸召《よ》ぶ。子往《しゅ》かんと欲す。

子路曰く、

「昔者《むかし》、由《ゆう》や諸《これ》を夫子《ふうし》に聞く。曰く、『親《みずか》ら其《そ》の身に於《お》いて不善《ふぜん》を為《な》す者は、君子は入《い》らず』と。仏肸中牟《ちゅうぼう》を以《もっ》て畔《そむ》く。子の往くや之《これ》を如何《いかん》」。

子曰く、

「然《しか》り、是の言あり。堅きを曰わずや、『磨《ま》すれども磷《りん》せず』と。白きを曰わずや『涅《でっ》すれども緇《し》せず』と。吾豈匏《あにほう》瓜《か》ならんや。焉《いずく》んぞ能《よ》く繫《かか》りて食《くら》わざらん」。

佛肸召。子欲往。子路曰、昔者由也聞諸夫子。曰、親於其身為不善者、君子不入也。佛肸以中牟畔。子之往也、如之何。子曰、然。有是言也。不曰堅乎。磨而不磷。不曰白乎、涅而不緇。吾豈匏瓜也哉。焉能繫而不食。

八

先生がいわれた。
「由君《ゆう》（子路）、君は六つの善言と六つの害とを聞いたかね」
子路「まだです」
先生「すわりなさい、君に話してあげよう。仁《じん》を好んでも学問を好まないと、その害は愚かになることだ。知を好んでも学問を好まないと、その害はでたらめになることだ。信を好んでも学問を好まないと、その害は人を損《そこ》なうことだ。直を好んでも学問を好まないと、その害は窮屈になることだ。勇を好んでも学問を好まないと、その害は乱暴になることだ。剛を好んでも学問を好まないと、その害は騒ぎ狂うことだ」

子曰く、

「由や、女六言《なんじろくげん》・六蔽《ろくへい》を聞けりや」。

対えて曰く、「未《いま》だし」。

「居《お》れ、吾《われ》女に語《つ》げん。仁を好んで学を好まざれば、其《そ》の蔽《へい》や愚。知を好んで学を好まざれば、其の蔽や蕩《とう》。信を好んで学を好まざれば、其の蔽や賊《ぞく》。直を好んで学を好まざれば、其の蔽や絞《こう》。勇を好んで学を好まざれば、其の蔽や乱《らん》。剛《ごう》を好んで学を好まざれば、其の蔽や狂」。

子曰、由也、女聞六言六蔽矣乎。対曰、未也。居、吾語女。好仁不好学、其蔽也愚。好知不好学、其蔽也蕩。好信不好学、其蔽也賊。好直不好学、其蔽也絞。好勇不好学、其蔽也乱。好剛不好学、其蔽也狂。

九

先生がいわれた。
「諸君、なぜ詩（『詩経』）を学ばないのか。詩は心を昂揚させるし、ものの観察眼もできるし、人とうまくやることもできる。怨みごともうまくいうことができる。身近なところでは父に仕《つか》えることもできるし、遠いところでは君に仕えることもできる。鳥獣や草木の名前もたくさん覚えられる」

子曰く、
小子《しょうし》何ぞ夫《か》の詩を学ぶ莫《な》き。詩は以《もっ》て興《おこ》すべく、以て観《み》るべく、以て群《ぐん》すべく、以て怨むべし。之《これ》を迩《ちか》くしては父に事《つか》え、之を遠くしては君に事え、多く鳥獣草木の名を識《し》る。

子曰、小子何莫学夫詩。詩可以興、可以観、可以群、可以怨。迩之事父、遠之事君、多識於鳥獣草木之名。

一〇

先生が息子の伯魚《はくぎょ》に向かっていわれた。
「おまえは（『詩経』の）周南《しゅうなん》・召南《しょうなん》を学んだか。人として周南・召南を学ばなかったら、顔を壁にぴたっと寄せて立っているようなものだ（何も見えず、一歩も歩けまい）」

子、伯魚に謂《い》いて曰く、
「女《なんじ》周南・召南を為《まな》びたりや。人にして周南・召南を為ばずんば、其《そ》れ猶《な》お正しく牆《かき》に面《めん》して立つが如《ごと》きか」

子謂伯魚曰、女為周南・召南矣乎。人而不為周南・召南、其猶正牆面而立与。

一一

先生がいわれた。
「礼《れい》だ礼だというが、玉や帛《はく》のことをいうのかね。楽《がく》だ楽だというが、鐘や太鼓のことをいうのかね」

子曰く、
礼と云《い》い礼と云う、玉帛《ぎょくはく》を云わんや。楽《がく》と云い楽と云う。鐘鼓《しょうこ》を云わんや。

子曰、礼云礼云、玉帛云乎哉。楽云楽云、鐘鼓云乎哉。

一二

先生がいわれた。

「顔つきはいかめしいのに、内面がふにゃふにゃしているのは、小人《しょうじん》にたとえたら、まあこそどろだね」

子曰、色厲而内荏、譬諸小人、其猶穿窬之盗也与。

子曰く、色厲《いろれい》にして内荏《うちじん》なるは、諸《これ》を小人《しょうじん》に譬《たと》うれば、其《そ》れ猶《な》お穿窬《せんゆ》の盗《とう》の如きか。

一三

先生がいわれた。

「むらびとがいうまじめな人とは、徳を損なう人である」

子曰、郷原徳之賊也。

子曰く、郷原《きょうげん》は徳《とく》の賊《ぞく》なり。

一四

先生がいわれた。

「道で聞いたことを、そのまま道で話してしまうのは、徳を捨てることだ」

子曰く、道に聴《き》いて塗《みち》に説《と》くは徳を之《こ》れ棄《す》つるなり。

子曰、道聴而塗説、徳之棄也。

一五

先生がいわれた。

「愚劣な男とは、一緒に君主に仕えることはできるだろうか。まだ手に入らないうちは、手に入れようとばかり考えるし、手に入れてしまうと、失うまいとばかり考える。失うまいとばかり考えるから、どんなこともやりかねない」

子曰く、鄙夫《ひふ》は与《とも》に君に事《つか》うべけんや。其の未だ之を得ざるや、之を得んことを患《うれ》う。既《すで》に之を得れば之を失わんことを患う。苟《いやし》くも之を失わんことを患うれば至らざる所なし。

子曰、鄙夫可与事君也与哉。其未得之也、患得之。既得之、患失之。苟患失之、無所不至矣。

一六

先生がいわれた。

「昔は人民に病気が三つあった。今はそれすらない。昔の狂《きょう》（理想主義者）は、細かいところにこだわらなかったが、今の狂はしほうだいのでたらめだ。昔の矜《きょう》（操を立てすぎる）は節度があったが、今の矜は怒りやすい。昔の愚《ぐ》（物事の道理にくらい）というのは正直だったが、今の愚は、ごまかすだけのことだ」

子曰く、

古の民三疾《さんしつ》あり。今や或いは是れ亡《な》し。古の狂《きょう》や肆《し》、今の狂や蕩《とう》。古の矜《きょう》や廉《れん》、今の矜や忿戻。古の愚や直、今の愚や詐のみ。

子曰、古者民有三疾。今也或是之亡也。古之狂也肆、今之狂也蕩。古之矜也廉、今之矜也忿戾。古之愚也直、今之愚也詐而已矣。

一七

先生がいわれた。

「言葉たくみに顔つきをやわらげる人には、仁の人はめったにいない」

子曰く、巧言令色鮮《こうげんれいしょくすく》なし仁《じん》。

子曰、巧言令色鮮矣仁。

▼学而篇第三条に重出。

一八

先生がいわれた。

「紫が朱を奪うことが憎い。鄭の歌が正しい音楽を乱すことが憎い。また、口先が上手で国家を覆す人が憎い」

子曰く、「紫の朱を奪うを悪《にく》む。鄭声《ていせい》の雅楽を乱るを悪む。利口《りこう》の邦家《ほうか》を覆《くつがえ》す者を悪む」。

子曰、悪紫之奪朱也。悪鄭声之乱雅楽也。悪利口之覆邦家者。

一九 先生がいわれた。「わたしは何もいいたくない」

子貢がたずねた。「先生がもしいってくださらないと、わたしたちは何を伝えたらいいのですか」

先生「天が何かをいったりするか。四季はめぐり、万物は成長するが、天は何かをいうかね」

子曰く、「予《よ》言う無きを欲す」。子貢曰く、「子如《も》し言わざれば則ち小子《しょうし》何をか述べん」。子曰く、「天何をか言うや。四時行われ、百物《ひゃくぶつ》生ず。天何をか言うや」。

子曰、予欲無言。子貢曰、子如不言、則小子何述焉。子曰、天何言哉。四時行焉、百物生焉。天何言哉。

二〇 孺悲《じゅひ》が孔子にお会いしたいと思ったが、孔子は病気を理由に断られた。取り次ぎの者が戸口に出ていくと、先生は瑟《しつ》を手にとって歌い、孺悲に聞こえるようにされた。

孺悲欲見孔子。孔子辞以疾。将命者出戸。取瑟而歌、使之聞之。

孺悲、孔子を見んと欲す。孔子辞《じ》するに疾《やまい》を以てす。命《めい》を将《おこな》う者戸を出づ。瑟を取って歌い、之《これ》をして之を聞かしむ。

二一

宰我《さいが》がたずねた。

「喪《も》の期間は三年といいますが、一年でも長すぎます。君子が三年も礼をやらずにいたら、礼はきっとすたれてしまいます。三年も楽《がく》をやらずにいたら、楽はきっとすたれてしまいます。古い穀物が尽きて新しい穀物が実り、新しい木に揉みこんで火をつくりかえるというのですから、喪は一年でやめてもいいでしょうか」

先生「三年の喪の期間中、お米を食べ錦を着ても、君は平気なのか」

宰我「平気です」

先生「君が平気ならそうしなさい。君子というものが喪に服している時は、うまいものを食べてもおいしくないし、音楽を聞いても楽しく

宰我問う、「三年の喪は期《き》已《すで》に久し。君子三年礼を為《な》さざれば、礼必ず壊《やぶ》れん。三年楽《がく》を為さざれば、楽必ず崩れん。旧穀《きゅうこく》既《すで》に没《つ》きて新穀《しんこく》既に升《みの》る。燧《すい》を鑽《き》りて火を改む。期にして已《や》むべし」。

子曰く、「夫《か》の稲を食《くら》い、夫の錦を衣《き》る。女《なんじ》に於《お》いて安《やす》きか」。

曰く、「安し」。

「女安くば則ち之を為せ。夫れ君子の喪に居る、旨《うま》きを食らえども甘《うま》からず、楽を聞けども楽しからず、居処《きょしょ》安から

ない。家にいても落ち着かない。だから、そうしないのだ。しかし君は平気なら、そうしなさい」

宰我が退出してから、先生がいわれた。

「予（宰我の名）の心が仁でないからだ。子どもは生まれると三年たって、やっと父母の懐《ふところ》からはなれる。三年の喪というのは、この世の人が皆服《みなふく》する喪である。予は父母にたいして三年の愛情をもたないのか」

ず。故に為さざるなり。今女安くば則ち之を為せ」。

宰我出ず。

子曰く、「予の不仁なるや、子生れて三年、然《しか》る後父母の懐《ふところ》を免《まぬか》る。夫れ三年の喪は天下の通喪《つうそう》なり。予や其の父母に三年の愛有るか」。

宰我問、三年之喪、期已久矣。君子、三年不為礼、礼必壊。三年不為楽、楽必崩。旧穀既没、新穀既升。鑽燧改火。期可已矣。子曰、食夫稲、衣夫錦、於女安乎。曰、安。女安則為之。夫君子之居喪、食旨不甘、聞楽不楽、居処不安。故不為也。今女安則為之。宰我出。子曰、予之不仁也、子生三年、然後免於父母之懐。夫三年之喪、天下之通喪也。予也有三年之愛於其父母乎。

二三

先生がいわれた。

「一日中、たらふく食うだけで、心をはたらかせることがないようでは、困ったことだ。博（すごろく）や奕（囲碁《いご》）があるが、これでもやったほうが、何もしないよりはまだましだ」

子曰く、飽食終日《ほうしょくしゅうじつ》心を用うる所なくば、難《かた》いかな。博奕《ばくえき》なる者あらずや。之を為すは猶《な》お已《や》むに賢《まさ》れり。

子曰、飽食終日、無所用心、難矣哉。不有博奕者乎。為之猶賢乎已。

二三

子路がたずねた。

「君子とは、勇を尚《とうと》ぶ人ですか」

先生がいわれた。

「君子は義を第一とする。君子に勇があって義がないと、乱をおこす。小人《しょうじん》に勇があって義がないと、盗人になる」

子路曰く、

「君子は勇を尚《とうと》ぶか」。

子曰く、

「君子は義を以て上《じょう》と為《な》す。君子勇ありて義なければ乱を為す。小人勇ありて義なければ盗《とう》を為す」。

子路曰、君子尚勇乎。子曰、君子義以為上。君子有勇而無義、為乱。小人有勇而無義、為盜。

二四 子貢がたずねた。
「君子でも憎むことはありますか」
先生がいわれた。
「憎むことはある。他人の悪いところをいいたてる人を憎む。低い身分におりながら上の人をそしる人を憎む。勇気ばかりで礼儀のない人を憎む。思いきりがよいが見通しのきかない人を憎む」
先生「賜《し》君（子貢）にも、憎むことがあるかね」
子貢「うかがっておいて、知っていると決めこむ人を憎みます。無遠慮なままに勇ましいつもりの人を憎みます。あばいておきながら正直だと決めこむ人も憎みます」

子貢曰く、「君子も亦《ま》た悪《にく》むことあるか」。子曰く、「悪むことあり。人の悪を称する者を悪む。下流に居《い》て上を訕《そし》る者を悪む。勇にして礼なき者を悪む。果敢にして窒《ふさ》がる者を悪む」。曰く、「賜も亦た悪むことあるか」。「徼《うかが》うて以て知と為す者を悪む。不孫にして以て勇となす者を悪む。訐《あば》いて以て直となす者を悪む」。

子貢曰、君子亦有悪乎。子曰、有悪。悪称人之悪者。悪居下流而訕上者。悪勇而無礼者。悪果敢而窒者。曰、賜也亦有悪乎。悪徼以為知者。悪不孫以為勇者。悪訐以為直者。

二五

先生がいわれた。

「女と小人《しょうじん》だけはお世話しにくいものだ。近づければ無遠慮になるし、遠ざければ怨むから」

子曰く、唯《ただ》女子と小人とは養《やしな》い難《がた》しとなす。之《こ》を近づくれば則《すなわ》ち不孫《ふそん》に、之を遠ざくれば則ち怨む。

子曰、唯女子与小人為難養也。近之則不孫、遠之則怨。

二六

先生がいわれた。

「年が四十になっても憎まれるようでは、まあおしまいだね」

子曰く、年《とし》四十にして悪《にく》まるれば、其《そ》れ終らんのみ。

子曰、年四十而見悪焉。其終也已。

微子《びし》第十八

一微子《びし》（殷《いん》の紂王《ちゅうおう》の異母兄）は、国を捨てて去った。箕子《きし》（紂王の叔父）は紂王《ちゅうおう》を諫《いさ》めて奴隷にされ、比干《ひかん》（紂王の叔父）は、諫めたあげく殺された。孔子がいわれた。「殷には仁の人が三人いました」

微子《びし》は之《これ》を去り、箕子は之が奴《ど》と為《な》り、比干は諫めて死す。孔子曰く、「殷《いん》に三仁《さんじん》あり」。

微子去之、箕子為之奴、比干諫而死。孔子曰、殷有三仁焉。

二

柳下恵《りゅうかけい》は士師《しし》（監獄の役人）になったが、三度もしりぞけられた。ある人がたずねた。

「あなたはそれでも国外に行かれないのですか」

柳下恵が答えていった。

「まっすぐな道で人に仕えたなら、どこへ行っても三度はしりぞけられます。もし道をまげて人に仕えるなら、わざわざ父母の国を立ち去ることはないでしょう」

柳下恵士師《しし》となり、三《み》たび黜《しりぞ》けられる。人曰く、「子未《いま》だ以て去る可《べ》からざるか」。曰く、「道を直《なお》うして人に事《つか》うれば、焉《いず》くに往いてか三たび黜けられざらん。道を枉《ま》げて人に事うれば、何ぞ必ずしも父母の邦《くに》を去らん」。

柳下恵為士師、三黜。人曰、子未可以去乎。曰、直道而事人、焉往而不三黜。枉道而事人、何必去父母之邦。

三

斉《せい》の景公《けいこう》が孔子の待遇についていった。

「とても季《き》氏のようには、わたしはしてあげられないが、季氏と孟《もう》氏のあいだぐらいで待遇しよう」

やがて景公がいった。

「わたしは年をとってしまった。孔子を任用することができない」

孔子は立ち去られた。

斉の景公孔子を待ちて曰く、「季《き》氏の如きは則《すなわ》ち吾能《われあた》わず。季孟《きもう》の間を以て之を待たん」。曰く、「吾老いたり。用うる能わず」。孔子行《さ》る。

斉景公待孔子曰、若季氏則吾不能。以季孟之間待之。曰、吾老矣。不能用也。孔子行。

四

斉《せい》の人が女優の歌舞団を贈ったところ、季桓子《きかんし》(魯《ろ》の大夫《たいふ》)はそれを受け取って、三日も朝廷へ出なかった。そこで、孔子は絶望して立ち去られた。

斉人《せいひと》女楽《じょがく》を帰《おく》る。季桓子之《これ》を受け、三日朝《ちょう》せず。孔子行《さ》る。

斉人帰女楽。季桓子受之、三日不朝。孔子行。

五

楚《そ》の狂《きょう》者である接輿《せつよ》が、歌いながら孔子の車の前を通りすぎた。「鳳《ほう》よ、鳳よ、何と徳の衰えたこと。過去は諫《いさ》めてはいけない。未来を追求しなさい。やめなさい、やめなさい、今の世の政治に関与するのは危険なことだ」孔子は車から下りて話をしようとされたが、小走りで逃げたので、話はできなかった。

楚の狂接輿歌うて孔子を過ぎて曰く、「鳳や鳳や、何ぞ徳の衰えたる。往《ゆ》く者は諫むべからず。来る者は猶《な》お追うべし。已《や》みなん已みなん。今の政《まつりごと》に従う者は殆し」。孔子下《くだ》り、之と言わんと欲す。趨《はし》って之を辟《さ》け、之と言うを得ず。

楚狂接輿歌而過孔子曰、鳳兮鳳兮、何徳之衰。往者不可諫。来者猶可追。已而已而。今之従政者殆而。孔子下、欲与之言。趨而辟之、不得与之言。

六

長沮《ちょうそ》と桀溺《けつでき》とが二人並んで耕していた。孔子がそこを通り過ぎて、子路に渡し場をたずねさせた。長沮がたずねた。

「あの手綱を持っているのは、誰ですか」

子路が答えた。「孔丘《こうきゅう》です」

長沮がたずねた。「魯《ろ》の孔丘ですか」

子路が答えた。「そうです」

「それなら渡し場は知っているだろう」

そこで子路は桀溺にたずねた。桀溺がいった。

「あなたは誰です」

子路が答えた。「仲由《ちゅうゆう》です」

「魯の孔丘の弟子か」

「そうです」

「どんどん流れるといえば、天下中がみなそうなんだ。誰が改めるのか。まあお前さんも（え

長沮・桀溺耦《ぐう》して耕す。孔子之《これ》を過ぎ、子路をして津《しん》を問わしむ。長沮曰く、「夫《か》の輿《よ》を執《と》る者を誰と為《な》す」。子路曰く、「孔丘と為す」。曰く、「是れ魯の孔丘か」。曰く、「是《これ》なり」。曰く、「是ならば津《しん》を知らん」。桀溺に問う。桀溺曰く、「子を誰と為す」。曰く、「仲由と為す」。曰く、「是れ魯の孔丘の徒か」。対《こた》えて曰く、「然《しか》り」。曰く、「滔滔たる者天下皆是れなり。而《しか》して誰と以《とも》にか之《これ》を易《か》えん。且《か》つ而《なんじ》其の人を辟《さ》くるの士

りごのみして）人間を避ける人につくよりは、世間を避ける人についた方がましだよ」といって、種に土をかけることをやめなかった。

子路が戻って報告した。先生はがっかりしていわれた。

「鳥や獣とは同じ仲間にはなれない。わたしは、この人間たちと一緒におらずにいったい誰と一緒にいるのだ。天下に道が行なわれているなら、わたしも改めようとはしない」

に従わんよりは、豈《あに》世を辟くるの士に従うに若《し》かんや」。耰《ゆう》して輟《や》めず。子路行きて以て告《つ》ぐ。夫子《ふうし》憮然として曰く、「鳥獣は与《とも》に群を同じうすべからず。吾斯の人の徒《と》と与にするに非ずして誰と与にせん。天下道あれば、丘与に易《か》えず」。

長沮桀溺耦而耕。孔子過之、使子路問津焉。長沮曰、夫執輿者為誰。子路曰、為孔丘。曰、是魯孔丘与。曰、是也。曰、是知津矣。問於桀溺。桀溺曰、子為誰。曰、為仲由。曰、是魯孔丘之徒与。対曰、然。曰、滔滔者天下皆是也。而誰以易之。且而従其従辟人之士也、豈若従辟世之士哉。耰而不輟。子路行以告。夫子憮然曰、鳥獣不可与同群。吾非斯人之徒与而誰与。天下有道、丘不与易也。

七

子路《しろ》がお供して一行から遅れた時、杖で竹篭を背負った老人に出あった。

子路がたずねた。

「あなたはわたしの先生にあいませんでしたか」

老人が答えていった。

「手足を働かせることなく、五穀を見分けられない人を、誰が先生などといっているのか」

そして、杖を立てて草刈りをした。その時、子路が拱《きょう》(両手を平らに組んでする挨拶)をして立っていたので、隠者は子路を引き止めて泊まらせ、鶏を殺し黍を料理し、それを食べさせ、二人の子どもを引き合わせた。

翌日、子路が行って先生に報告した。

先生がいわれた。

「隠者ですね」

子路従って後《おく》る。丈人《じょうじん》の杖を以《もっ》て蓧《あじか》を荷《にな》うに遇《あ》う。子路問うて曰く、

「子、夫子《ふうし》を見ざるか」。

丈人曰く、

「四体《したい》勤めず、五穀分かたず、孰《たれ》をか夫子《ふうし》となす」。

其の杖を植《た》てて芸《くさぎ》る。子路拱して立つ。子路を止《と》めて宿《しゅく》せしめ、鶏を殺し黍《きび》を為《つく》りて之を食せしめ、其の二子を見《まみ》えしむ。

明日《みょうにち》子路行《ゆ》いて以て告ぐ。

子曰く、「隠者なり」。

子路をして反《かえ》って之を見しむ。

子路に引き返してたずねさせた。子路が行ってみると、隠者はもう立ち去っていた。

子路がいった。

「仕えなければ（君臣の）義はないが、長幼の節は捨てられない。君臣の義とてどうして捨てようか。それはわが身を潔くしようとして大倫を乱すことだ。君子が仕えるというのは、君臣の義を行なうことだ。道が行なわれないことは、とっくに分かっていたはずだ」

至《いた》れば則《すなわ》ち行《さ》れり。

子路曰く、

「仕《つか》えざれば義なし。長幼の節は廃すべからず。君臣の義は之を如何ぞ其れ之を廃せん。其の身を潔くせんと欲して大《たい》倫《りん》を乱る。君子の仕うるや其の義を行うなり。道の行われざるは已《すで》に之を知れり」

子路従而後。遇丈人以杖荷蓧。子路問曰、子不見夫子乎。丈人曰、四体不勤、五穀不分、孰為夫子。植其杖而芸。子路拱而立。止子路宿、殺鶏為黍而食之、見其二子焉。明日子路行以告。子曰、隠者也。使子路反見之。至則行矣。子路曰、不仕無義。長幼之節、不可廃也。君臣之義、如之何其廃之。欲潔其身、而乱大倫。君子之仕也、行其義也。道之不行、已知之矣。

八

世捨て人には、伯夷《はくい》・叔斉《しゅくせい》・虞仲《ぐちゅう》・夷逸《いいつ》・朱張《しゅちょう》・柳下恵《りゅうかけい》・少連《しょうれん》がいる。

先生がいわれた。

「わが志をおろさず、わが身を辱めなかったのは、伯夷・叔斉かな」

柳下恵・少連を批評して、

「志もおろし、身も辱めた。しかし、言葉は道にかない、行ないは思慮深く道にかなっていた。まあこういうことだね」。

虞仲・夷逸を批評して、

「家に隠れて言いたい放題だった。しかし、身の持ちかたは潔癖で、世の捨てかたも適宜だった。わたしは彼らと違う。仕えるのがよいともよくないとも決めつけない」。

逸民《いつみん》は伯夷・叔斉・虞仲・夷逸・朱張・柳下恵・少連。

子曰く、

「其の志を降《くだ》さず、其の身を辱しめざるは伯夷・叔斉か」。

柳下恵・少連を謂《い》う。

「志を降し身を辱しむ。言倫《げんりん》に中《あた》り、行い慮《りょ》に中る。其《そ》れ斯《こ》れのみ」

虞仲・夷逸を謂う。

「隠居放言す。身清《みせい》に中り、廃権《はいけん》に中る」。

「我は則ち是に異なり。可《か》もなく不可《ふか》もなし」。

逸民、伯夷・叔斉・虞仲・夷逸・朱張・柳下恵・少連。子曰、不降其志、不辱其身、伯夷・叔斉与。謂柳下恵・少連。降志辱身矣。言中倫、行中慮。其斯而已矣。謂虞仲・夷逸。隠居放言。身中清、廃中権。我則異於是。不可無不可。

九

大師《たいし》（魯国の音楽係の長官）の摯《し》は斉《せい》の国に行き、亜飯《あはん》（亜飯から四飯までは音楽によってお供えを奉ることをつかさどる官）の干《かん》は楚《そ》の国に行き、三飯《さんぱん》の繚《りょう》は蔡《さい》の国に行き、四飯の缺は秦の国に行き、鼓の方叔《ほうしゅく》は河の土地に入り、ふり鼓の武は漢の土地に入り、少師《しょうし》の陽《よう》と磬《けい》打ちの襄《じょう》とは海（の中の島）に入った。

大師摯は斉に適《ゆ》く。亜飯干は楚に適く。三飯繚は蔡に適く。四飯缺は秦に適く。鼓《こ》方叔は河《か》に入《い》る。播鼗武《はんとうぶ》は漢に入る。少師陽、撃磬《げきけい》襄は海に入る。

大師摯適斉。亜飯干適楚。三飯繚適蔡。四飯缺適秦。鼓方叔入於河。播鼗武入於漢。少師陽・撃磬襄入於海。

一〇

周公《しゅうこう》が魯《ろ》公（周公の子の伯禽）にいわれた。「君子はわが親族を捨てない。大臣がもちいられないからといって、怨まないようにさせる。昔なじみの人はひどいことでもない限り、見捨てない。一人の人間に完全さを求めない」

周公魯公に謂いて曰く、君子は其の親《しん》を施《す》てず。大臣をして以《もち》いられざるを怨《うら》みしめず。故旧《こきゅうたいこ》大故なければ則《すなわ》ち棄《す》てず。備《そな》わらんことを一人《いちにん》に求むることなし。

周公謂魯公曰、君子不施其親。不使大臣怨乎不以。故旧無大故、則不棄也。無求備於一人。

一一

周に八人の人物があった。伯達《はくたつ》・伯适《はくかつ》・仲《ちゅう》突《とつ》・仲忽《ちゅうこつ》・叔夜《しゅくや》・叔夏《しゅくか》・季随《きずい》・季騧《きか》。

周に八士《はちし》あり、伯達・伯适・仲突・仲忽・叔夜・叔夏・季随・季騧。

周有八士、伯達・伯适・仲突・仲忽・叔夜・叔夏・季随・季騧。

子張《しちょう》第十九

一　子張がいった。
「士《し》は、危険を見れば命を投げ出し、所得をみれば正義を考え、祭には敬うことを考え、喪《も》には哀しむことを考える。これでよいのです」

子張曰く、士は危《あや》うきを見て命《めい》を致《いた》し、得《う》るを見て義《ぎ》を思い、祭に敬《けい》を思い、喪に哀《あい》を思わば、其《そ》れ可《か》なるのみ。

子張曰、士見危致命、見得思義、祭思敬、喪思哀、其可已矣。

二

子張がいった。

「徳を身につけてもその守りかたがひろくないし、道を信じてもその信じかたがあつくない。これでは、いるということでもなく、いないということでもない」

子張曰く、徳を執《と》ること弘《ひろ》からず、道を信ずること篤《あつ》からずんば、焉《いずく》んぞ能《よ》く有《あ》りと為《な》さん、焉んぞ能く亡《な》しと為さん。

子張曰、執徳不弘、信道不篤、焉能為有、焉能為亡。

三

子夏《しか》の門人《もんじん》が交際のことを子張《しちょう》にたずねた。

子張がいった。

「子夏君はどういいましたか」

答えていった。

「子夏さんは、『よいものとは仲間になり、よくないものは断る』といわれました」

子張がいった。

「わたしの聞いていることと違います。君子は賢い人を尊びますが、多くの人を包容します。善い人を褒めますが、だめな人をあわれみます。われわれがとても賢明なら、誰ひとり包容しないことはありません。われわれが賢明でないと、他人がわれわれを拒みますから、どうして他人を拒みましょうか」


子夏の門人、交《まじ》わりを子張に問う。子張曰く、「子夏は何とか云《い》える」。対《こた》えて曰く、「子夏曰く、『可なる者は之《これ》に与《くみ》し、其《そ》の不《ふ》可《か》なる者は之を拒《ふせ》ぐ』と」。子張曰く、「吾が聞く所に異なり。君子は賢を尊んで衆を容《い》れ、善を嘉《よ》みして不能を矜《あわ》れむ。我《われ》にして大賢《たいけん》ならんか、人に於《お》いて何《なん》ぞ容《い》れざる所あらん。我にして不賢《ふけん》ならんか、人将《まさ》に我を拒《ふせ》がんとす。之を如何《いかん》ぞ其れ人を拒がん」。

子夏之門人、問交於子張。子張曰、子夏云何。対曰、子夏曰、可者与之、其不可者拒之。子張曰、異乎吾所聞。君子尊賢而容衆。嘉善而矜不能。我之大賢与、於人何所不容。我之不賢与、人将拒我。如之何其拒人也。

四

子夏がいった。

「（百工技芸の）小さな道でも、必ず見どころはあるものです。しかし、それを天下国家にまで適用しようとすると、きっとうまくいかないものです。そこで、君子は取り組まないのです」

子夏曰く、小道《しょうどう》と雖《いえど》も必ず観《み》るべき者あり。遠きを致せば恐らくは泥《なず》まん。是《これ》を以《もっ》て君子は為《な》さざるなり。

子夏曰、雖小道必有可観者焉。致遠恐泥。是以君子不為也。

五

子夏がいった。

「日に日に自分が身につけていないことを知り、月々にできたことを忘れないようにすれば、学問好きだといえます」

子夏曰、日知其所亡、月無忘其所能、可謂好学也已矣。

子夏曰く、日に其の亡《な》き所を知り、月に其の能《よ》くする所を忘るることなきを、学《がく》を好むと謂《い》うべきのみ。

六

子夏がいった。

「博く学んで志を篤くし、切実に質問して身近に考えるようにすれば、自然と仁は身につきます」

子夏曰、博学而篤志、切問而近思、仁在其中矣。

子夏曰く、博く学んで篤く志し、切に問うて近く思わば、仁其《そ》の中《うち》に在《あ》り。

七

子夏がいった。

「職人たちは職場にいて仕事を仕上げますし、君子は学問してその道をきわめます」

子夏曰、百工居肆以成其事、君子学以致其道。

子夏曰く、百工は肆《し》に居《い》て以《もっ》て其《そ》の事を成《な》し、君子は学んで以て其の道を致《きわ》む。

八

子夏がいった。

「小人《しょうじん》が過ちをすると、きっと言い訳をするものです」

子夏曰、小人之過也必文。

子夏曰く、小人の過《あやま》ちや必ず文《かざ》る。

九

子夏がいった。

「君子には三通りの変化があります。遠くから眺めると、さもおごそかにみえます。近づいて見ると、おだやかにみえます。その言葉を聞いてみると、厳しいものがあります」

子夏曰く、君子に三変《さんぺん》あり。之《これ》を望めば儼然《げんぜん》たり。之に即《つ》けば温《おん》なり。其の言《げん》を聴けば厲《はげ》し。

子夏曰、君子有三変。望之儼然。即之也温。聴其言也厲。

一〇

子夏がいった。

「君子は人民に信じられてから、人民を使役するものです。人民がまだ信じていない時に使役すると、人民は自分を苦しめるのだと思うからです。また、君子は、君主に信じられてからお諫めいたします。君主がまだ信じていない時に諫めると、君主は自分を非難していると思うからです」

子夏曰く、君子は信ぜられて而《しか》して後に其《そ》の民を労す。未《いま》だ信ぜられざれば則《すなわ》ち以て己を厲《やま》しむと為《な》す。信ぜられて而して後に諫《いさ》む。未だ信ぜられざれば則ち以て己を謗《そし》ると為す。

子夏曰、君子信而後労其民。未信則以爲厲己也。信而後諫。未信則以為謗己也。

一一

子夏がいった。
「大きい徳について、範囲を踏み越えなければ、小さい徳に出入りがあってもかまいません」

子夏曰く、大徳《たいとく》は閑《かん》を踰《こ》えず、小徳《しょうとく》は出入《しゅつにゅう》するも可《か》なり。

子夏曰、大徳不踰閑、小徳出入可也。

二

子游《しゆう》がいった。

「子夏の門人諸君は、水まき、はき掃除や、賓客との受け答え、身のこなしなどは合格だが、それは枝葉のことです。根本のことがない。どうしたことだ」

子夏がそれを聞いていった。

「ああ言游《げんゆう》（子游）は間違っている。君子の道にはどれを先に伝える、どれを後回しにして怠るなどというものではない。ただ草木の成長に応じて、各々区別はする。成熟の度合いもかまわずに、無理強いしてはいけない。始めもあり終わりもあるのは、聖人《せいじん》だけだろう」


子游曰く、「子夏の門人小子《しょうし》、洒掃応対進退《さいそうおうたいしんたい》に当《あた》れば則《すなわ》ち可《か》なり。抑《そもそも》末《すえ》なり。之《これ》を本《もと》づくれば則ち無し。之を如何《いかん》」。

子夏之を聞いて曰く、

「噫《ああ》、言游過《あやま》てり。君子の道、孰《いず》れを先として伝え、孰《いず》れを後《のち》として倦《う》まん。諸《これ》を草木の区にして以て別《わか》るるに譬《たと》う。君子の道、焉《いずく》んぞ誣《し》うべけん。始めあり卒《おわ》りある者は其《そ》れ惟《ただ》聖人か」。

子游曰、子夏之門人小子、当洒掃応対進退、則可矣。抑末也。本之則無。如之何。
子夏聞之曰、噫、言游過矣。君子之道、孰先伝焉、孰後倦焉。譬諸草木区以別矣。
君子之道、焉可誣也。有始有卒者、其惟聖人乎。

一三

子夏がいった。
「お仕えしてゆとりがあれば、学問をし、学問をしてゆとりがあれば、お仕えします」

子夏曰く、
仕《つか》えて優《ゆう》なれば則《すなわ》ち学び、学んで優なれば則ち仕う。

子夏曰、仕而優則学、学而優則仕。

一四 子游がいった。
「喪には、哀しみを尽くすだけです」

子游曰、喪致乎哀而止。

子游曰く、
喪《も》は哀《あい》を致《きわ》めて止《や》む。

一五 子游がいった。
「わたくしの友人の張君（子張）は、まねのしにくいことができますが、まだ、仁にまではいたっていません」

子游曰、吾友張也、為難能也。然而未仁。

子游曰く、
吾が友張《ちょう》や、能《よ》くし難《がた》きを為《な》す。然《しか》れども未《いま》だ仁《じん》ならず。

一六

曽子がいわれた。
「堂々たるものだね、張君は。だが彼と一緒に仁を実践するのはむずかしい」

曽子曰、堂堂乎張也、難与並為仁矣。

曽子曰く、
堂堂たるかな張や、与《とも》に並びて仁を為《な》し難《がた》し。

一七

曽子がいわれた。
「わたくしは、先生からお聞きしました。自分の思いをとことんまでやりとげられることはなかなかないが、親の喪《も》の時は、やりとげたいものだと」

曽子曰、吾聞諸夫子、人未有自致者也。必也親喪乎。

曽子曰く、
吾諸《われこれ》を夫子《ふうし》に聞く、人未《いま》だ自《みずか》ら致《いた》す者あらず。必ずや親《おや》の喪《も》か。

一八

曽子がいわれた。

「わたくしは、先生からお聞きしました。『孟《もう》壮子《そうし》の孝行ぶりときたら、ほかのことはやろうと思えばできるが、父親の家臣と父親の政治を改めなかったという点は、なしがたいね』と」

曽子曰く、吾《われ》諸《これ》を夫子《ふうし》に聞く、孟荘子の孝《こう》や、其《そ》の他《た》は能《よ》くすべし、其の父の臣《しん》と父の政《まつりごと》とを改めざる、是《こ》れ能くし難《がた》し。

曽子曰、吾聞諸夫子、孟荘子之孝也、其他可能也、其不改父之臣与父之政、是難能也。

一九

孟氏《もうし》（魯《ろ》の孟孫氏《もうそんし》）が、陽膚《ようふ》（曽子の門人）を監獄の役人にした時、陽膚が曽子にたずねた。

曽子がいわれた。

「上の人が道を失ったので、人民の心は離れてしまって久しい。だから、もし犯罪の実情を把握したら、あわれんでやるべきで、喜んではいけない」

孟氏、陽膚をして士師たらしむ。曽子に問う。

曽子曰く、上《かみ》其《そ》の道を失い、民散《たみさん》ずること久し。如《も》し其の情《じょう》を得《え》ば、則《すなわ》ち哀矜《あいきょう》して喜ぶこと勿《なか》れ。

孟氏使陽膚為士師。問於曽子。曽子曰、上失其道、民散久矣。如得其情、則哀矜而勿喜。

二〇

子貢がいった。

「紂《ちゅう》(殷《いん》の最後の王)の善くないのも、いわれるほどひどくはありません。だから君子は水が流れこむ低いところにいるのをいやがります。天下の悪いことがみなそこに集まってきますから」

子貢曰く、

紂の不善は是の如く甚《かく》だ《はなは》しからざるなり。是《ここ》を以《もっ》て君子は下流に居《お》るを悪《にく》む。天下の悪皆焉《みなこれ》に帰《き》す。

子貢曰、紂之不善、不如是之甚也。是以君子悪居下流。天下之悪皆帰焉。

二一

子貢がいった。

「君子の過ちは、日食や月食のようなものです。過ちをすれば、誰でも見ますし、改めれば、誰でも仰ぎます」

子貢曰く、

君子の過《あやま》ちや、日月《じつげつ》の食《しょく》の如《ごと》し。過つや人皆之《これ》を見る。更《あらた》むるや人皆之を仰《あお》ぐ。

子貢曰、君子之過也、如日月之食焉。過也人皆見之。更也人皆仰之。

二二

衛《えい》の公孫朝《こうそんちょう》（衛の大夫）が子貢にたずねた。

「仲尼《ちゅうじ》（孔子のあざ名）は、誰に学んだのか」

子貢がいった。

「周の文王・武王の道はまだ人に伝えられています。賢い人は、そのうちの大きいことを覚えていますし、賢くない人は、そのうちの小さいことを覚えています。文王・武王の道はどこにでもあります。先生は誰にでも学ばれました。といって、決まった先生はおりませんでした」


衛の公孫朝、子貢に問うて曰く、「仲尼は焉《いずく》にか学べる」。子貢曰く、「文武《ぶんぶ》の道未《いま》だ地に墜《お》ちずして人に在《あ》り。賢者《けんじゃ》は其《そ》の大《だい》なる者を識《しる》し、不賢《ふけん》者は其の小なる者を識す。文武の道あらざる莫《な》し。夫子《ふうし》焉にか学ばざらん。而《しか》して亦《ま》た何の常《つね》の師か之《こ》れあらん」。

衛公孫朝問於子貢曰、仲尼焉学。子貢曰、文武之道未墜於地在人。賢者識其大者、不賢者識其小者。莫不有文武之道焉。夫子焉不学。而亦何常師之有。

二三

叔孫武叔《しゅくそんぶしゅく》が朝廷で大夫《たいふ》に話していった。

「子貢は仲尼より賢い」

子服景伯《しふくけいはく》が子貢に告げると、子貢がいった。

「塀にたとえてみますと、わたくしの家の塀の高さは肩までですから、家の中のよさがのぞけます。わたくしの先生の家の塀の高さは五六丈もありますから、門を見つけて入ることができなければ、中にある宗廟の立派なことや、役人たちがたくさんいることが見えません。しかし、門を見つけた人は少ないので、あの方（武叔）がそういわれるのももっともです」


叔孫武叔、大夫に朝に告《つ》げて曰く、「子貢は仲尼に賢《まさ》れり」。

子服景伯以《もっ》て子貢に告ぐ。

子貢曰く、「之を宮牆《きゅうしょう》に譬《たと》うれば、賜《し》の牆は肩に及ぶ。室《しっ》家《か》の好《こう》を窺《うかが》い見る。夫子《ふうし》の牆は数仞《じん》なり。其の門を得て入《い》らざれば、宗廟の美百官《ひゃくかん》の富を見ず。其の門を得る者或いは寡《すく》なし。夫子の云う、亦《ま》た宜《むべ》ならずや」。


叔孫武叔語大夫於朝曰、子貢賢於仲尼。子服景伯以告子貢。子貢曰、譬之宮牆、賜之牆也及肩。窺見室家之好。夫子之牆数仞。不得其門而入、不見宗廟之美百官之富。得其門者或寡矣。夫子之云、不亦宜乎。

二四　叔孫武叔《しゅくそんぶしゅく》が仲尼《ちゅうじ》を非難した。子貢がいった。「そんなことはおやめなさい。仲尼は非難することのできない方です。他の賢い人というのは、丘《おか》のようなもので、まだ乗り越えられます。仲尼は日や月のようなもので、乗り越えようがありません。人々が自分から手を切ろうと思ったところで、それは日や月（である孔子）にとって、何のいたみにもなりません。えてして、身のほど知らずを暴露するだけです」

叔孫武叔、仲尼を毀《そし》る。子貢曰く、「以《もっ》て為《す》すなきなり。仲尼は毀るべからず。他人の賢《けん》は丘陵なり。猶《な》お踰《こ》ゆべし。仲尼は日月なり。得て踰ゆるなし、人自ら絶たんと欲すと雖《いえど》も、其《そ》れ何《なん》ぞ日月を傷《そこな》わんや。多《まさ》に其の量を知らざるを見るなり」。

叔孫武叔毀仲尼、子貢曰、無以為也。仲尼不可毀也。他人之賢者丘陵也。猶可踰也。仲尼日月也。無得而踰焉。人雖欲自絶、其何傷於日月乎。多見其不知量也。

二五

陳子禽《ちんしきん》が子貢にいった。

「あなたはご謙遜なさっているのです。仲尼《ちゅうじ》がいったいあなたより賢いものですか」

子貢がいった。

「君子は一言で智恵があるといわれ、一言で智恵がないともいわれます。言葉は慎重にしないといけません。先生が及びもつかないのは、ちょうど天に梯子をかけても昇ることができないのと同じです。先生が国家をおさめられたら、いわゆる『立たせれば立ち、導けば従い、安んずればなつき、励ませばこたえる』ほどです。生きていれば栄え、死ねば哀しまれます。どうして、及ぶことなどできますか」

陳子禽、子貢に謂《い》って曰く、「子は恭《きょう》を為《な》すなり。仲尼は豈《あに》子に賢《まさ》らんや」。子貢曰く、「君子は一言《いちげん》以て知と為し、一言以て不知と為す。言は慎まざるべからざるなり。夫子《ふうし》の及ぶべからざるや、猶《な》お天の階《かい》して升《のぼ》るべからざるが如し。夫子にして邦家を得ば、所《いわ》謂《ゆる》之を立つれば斯《ここ》に立ち、之を道《みち》びけば斯に行い、之を綏《やす》んずれば斯に来《きた》り、之を動かせば斯に和《わ》し、其の生くるや栄《えい》とし、其の死するや哀しむ。之を如何《いかん》ぞ其れ及ぶべけんや」。

陳子禽謂子貢曰、子為恭也。仲尼豈賢於子乎。子貢曰、君子一言以為知、一言以為不知。言不可不慎也。夫子之不可及也、猶天之不可階而升也。夫子之得邦家者、所謂立之斯立、道之斯行、綏之斯来、動之斯和、其生也栄、其死也哀。如之何其可及也。

堯曰《ぎょうえつ》第二十

一 堯《ぎょう》がいわれた。

「ああ舜《しゅん》よ。天のさだめ（帝位の継承）は君にある。まことに中《ちゅう》をとりたまえ。四海の民が困窮したならば、天《あま》つ恵みは永久に尽きるだろう」。

舜も同じように禹《う》に命じた（『書経』大禹謨）。

湯がいわれた。

「履《り》（殷《いん》の湯王《とうおう》）はいたらぬ身ではありますが、すすんで黒い牡牛を犠牲に捧げ、あきらかに偉大なる皇上帝に申し上げます。夏の桀に罪があ

堯曰く、

「咨爾《ああなんじ》舜、天の暦数《れきすう》爾の躬《み》に在《あ》り。允《まこと》に其《そ》の中《ちゅう》を執《と》れ。四海困窮せば、天禄永く終らん」。

舜も亦《ま》た以て禹に命ず。

曰く、「予小子《よしょうし》履、敢えて玄《げん》牡《ぼ》を用いて、敢えて昭《あき》らかに皇皇《こうこう》たる后帝《こうてい》に告《つ》ぐ。罪有れば敢えて赦《ゆる》さず。帝臣蔽《おお》わず。

ることを、わたしが勝手に許したりはしません。上帝の臣下はおおうことなく、上帝の心のままに選びます。わが身に罪がある時は、万民を責めてくださいますな。万民に罪がある時も、その罪はわが身にあるのです」(『書経』湯誥)

周には大いなる賜物があります。善人が豊富なことです。

武王がいわれた。

「殷の紂王には、特に親しいものがいたが、周家に仁人が多かったのには及ばない。万民に過ちがある時は、そのまま罪はわたし一人にある」(『書経』泰誓)

権量(めかた、ますめ)をつつしみ、法度(礼楽制度)をつまびらかにし、廃官《はいかん》をおさめて、四方の政が行なわれ、亡びた国をおこし、絶え

簡《えら》ぶこと帝の心に在り。朕が身罪あらば、万方《ばんぽう》を以てする無し。万方罪あらば、罪朕《わ》が躬に在り」。

周大賚《しゅうたいらい》あり。善人是れ富む。

「周親《しん》ありと雖《いえど》も、仁人《じんじん》に如《し》かず。百姓《ひゃくせい》過《とが》むるあり。予一人《いちにん》に在り」。

権量《けんりょう》を謹み、法度を審《つまび》らかにし、廃官を修めて、四方の政行わる。滅国《めっこく》を興《おこ》し、絶世《ぜっせい》を継ぎ、逸民《いつみん》を挙げて、天下の民心を帰す。重んずる所は民の食喪祭《しょくそうさい》、寛なれば則ち衆を得、信なければ則ち民任《にん》

じ、敏《びん》なれば則ち功《こう》あり、公《こう》なれば則ち説《よろこ》ぶ。

た家を継ぎ、世を逃れた人をとりたてたなら、天下の民は心を寄せる。民政で重視すべきは、食と喪と祭。寛大であれば衆望を得、誠があれば人民は委任する。敏速であれば、功績があがり、公平であれば喜ばれる。

堯曰、咨爾舜、天之暦数在爾躬。允執其中。四海困窮、天禄永終。舜亦以命禹。曰、予小子履、敢用玄牡、敢昭告于皇皇后帝。有罪不敢赦。帝臣不蔽。簡在帝心。朕躬有罪、無以万方。万方有罪、罪在朕躬。周有大賚。善人是富。雖有周親、不如仁人。百姓有過。在予一人。謹権量、審法度、修廃官、四方之政行焉。興滅国、継絶世、挙逸民、天下之民帰心焉。所重民食喪祭。寛則得衆、信則民任焉、敏則有功、公則説。

▼この一条は、古代の聖王が禅譲したときに告げた言葉をあつめた。堯↓舜↓禹と帝位を禅譲したが、禹が開いた夏王朝は桀に至って殷の湯王に亡ぼされた。その殷王朝の紂王に至って周の武王に亡ぼされた。王道政治の理念をのべた語録である。

二　子張が孔子におたずねしていった。
「どうしたら政治に関与することができますか」

先生「五つの美を尊んで四つの悪をしりぞけたら、
政治に関与することができる」

子張「五つの美とは何々ですか」

先生「君子は恵んでも費用をかけない。働かせても怨まない。ほしがっても貪らない。ゆったりとしているがたかぶらない。おごそかだが激しくはないということだ」

子張「恵んでも費用をかけないとはどういうことですか」

先生「人民が利益としているものを活用して利益を得させる。これこそ、恵んでも費用をかけな

子張、孔子に問うて曰く、「如何《いか》なるか斯《こ》れ以《もっ》て政《まつりごと》に従うべきか」。子曰く、「五美《ごび》を尊び四悪《しあく》を屏《しりぞ》くれば斯れ以て政に従うべし」。子張曰く、「何をか五美と謂《い》う」。子曰く、「君子は恵《けい》して費《つい》えず。労して怨みず。欲《ほっ》して貪《むさぼ》らず。泰《たい》にして驕《おご》らず。威《い》あって猛《たけ》からず」。子張曰く、「何をか恵して費えずと謂う」。子曰く、「民の利《り》する所に因《よ》って之を利す。斯《こ》れ亦《ま》た恵して費えざ

いということだ。働かせてもいいことを選んで働かせたら、いったい誰が怨もうか。仁を求めて仁を得たら、いったい何を貪るだろうか。君子は大勢となく、小勢となく、大きいとなく小さいとなく、けっして慢ろうとしない。これこそ、ゆったりとしているがたかぶらないということだ。また君子は衣服や冠をただしくし、目付きにも気を配って、いかめしいのだから、人が遠くから眺めただけで畏れいる。これこそ、おごそかだが激しくはないということだ」

子張「四つの悪とは何々ですか」

先生「教えないで殺すのをむごいという。戒めもしないで成果を調べるのは手荒という。命令はいい加減にしながら、期限をやかましくする

るにあらずや。労すべきを択《えら》んで之を労す。また誰をか怨みん。仁を欲して仁を得たり。また焉《いずく》んぞ貪らん。君子は衆《しゅう》寡《か》となく、小大となく、敢えて慢《まん》するなし。斯れまた泰にして驕らざるにあらずや。君子は其の衣冠《いかん》を正しくし、其の瞻視《せんし》を尊くし、儼然《げんぜん》として人望んで之を畏《おそ》る。斯《こ》れ威あって猛からざるにあらずや」

子張曰く、「何をか四悪と謂う」。子曰く、「教えずして殺す、之を虐《ぎゃく》と謂う。戒《いまし》めずして成《な》るを視《み》る、之を暴《ぼう》と謂う。

のを賊なうという。同じく人に与えるのに出し入れをケチケチするのを、役人根性という」

令《れい》を慢にして期を致す。之を賊《ぞく》と謂う。猶《ひと》しく之《こ》れ人に与《あた》うるなり。出納《すいとう》の吝《やぶさ》かなる、之を有司《ゆうし》と謂う」。

子張問於孔子曰、何如斯可以従政矣。子曰、尊五美、屛四悪、斯可以従政矣。子張曰、何謂五美。子曰、君子恵而不費。労而不怨。欲而不貪。泰而不驕。威而不猛。子張曰、何謂恵而不費。子曰、因民之所利而利之。斯不亦恵而不費乎。択可労而労之。又誰怨。欲仁而得仁。又焉貪。君子無衆寡、無小大、無敢慢。斯不亦泰而不驕乎。君子正其衣冠、尊其瞻視、儼然人望而畏之。斯不亦威而不猛乎。子張曰、何謂四悪。子曰、不教而殺、謂之虐。不戒視成、謂之暴。慢令致期、謂之賊。猶之与人也。出納之吝、謂之有司。

三

先生がいわれた。
「天命のことが分からないようでは、君子という訳にはいかない。礼のことが分からないようでは、立っていけない。言葉が分からないようでは、他人が分かるという訳にはいかない」

子曰く、命《めい》を知らざれば以《もつ》て君子と為《な》るなし、礼を知らざれば以て立つなし、言《げん》を知らざれば以て人を知るなし。

子曰、不知命、無以為君子也。不知礼、無以立也。不知言、無以知人也。

吉田公平（よしだ・こうへい）

昭和17年　宮城県岩沼市に生まれる
東北大学文学部卒業　中国哲学専攻
九州大学助手、東北大学助教授、広島大学教授、
東洋大学文学部教授を歴任。東洋大学名誉教授
東京と岩沼で、心学塾を主宰。
著書『伝習録』『菜根譚』『洗心洞箚記(上)(下)』
（たちばな出版、タチバナ教養文庫）
『王陽明「伝習録」を読む』（講談社学術文庫）
『日本における陽明学』（ぺりかん社）
『陸象山と王陽明』『陽明学が問いかけるもの』
『中国近世の心学思想』『日本近世の心学思想』
『陽明学からのメッセージ』（研文出版）
監修『林良斎全集』（ぺりかん社）
編集『中江藤樹心学派全集』『川田雄琴全集』
（研文出版）

論語《ろんご》

平成12年７月７日　第１刷
平成28年１月31日　第10刷

著　者　吉田公平
発行人　杉田百帆
発行所　株式会社　たちばな出版
〒167-0053 東京都杉並区西荻南2-20-9 たちばな出版ビル
電話　03-5941-2341(代) FAX　03-5941-2348
ホームページ　http://www.tachibana-inc.co.jp

印刷・製本　慶昌堂印刷株式会社

ISBN4-8133-1190-3

「タチバナ教養文庫」発刊にあたって

人は誰でも「宝」を持っているけれども、ただ漫然としていては開花しません。それには「宝」を開ける鍵が必要です。それは、他からの良い刺激（出会い）に他なりません。そんな良き刺激となる素晴らしい古典・現代の名著が集まった処…。それを「タチバナ教養文庫」はめざしています。

伝教大師最澄は、道心のある人を「宝」といい、さらにそれをよく実践し人々に話すことのできる人を、「国宝」と呼び、そういう人材を育てようとされたのです。そして、比叡山では、真実の学問を吸収し実践した多くの「国宝」が輩出し、時代時代の宗教的リーダーとして人々を引っぱっていったのです。

当文庫は、できるだけ広い分野から著者の魂や生命の息吹が宿っている書物をお届けし、忙しい現代人が、手軽に何時でも何処でも真実の学問を吸収されることを願って発刊するものです。そして、読者の皆様が、世に有為なる「国宝」となられ、豊かで輝かしい人生を送る糧となれば幸いです。

絶版などで、手に入れにくいものでも、できる限り復刻発刊させて戴きたいので、今まで入手困難と諦めていた書物でも、どんどんリクエストして下さい。

読者の熱烈なる求道心に応え、読者とともに成長していく魅力溢れる「タチバナ教養文庫」でありたいと念願しています。

タチバナ教養文庫

《既刊書より》

古神道は甦る　菅田正昭

神道研究の第一人者による、古神道の集大成。いま、世界的に注目を浴びる神道の核心に迫る本書は、この分野での名著との評価が高い。

定価（本体九五一円＋税）

言霊の宇宙へ　菅田正昭

「ことば」の真奥から日本文化の源流を探るための格好の入門書。無意識に使っている言語表現の中に、宇宙的なひろがりを実感できる名著。

定価（本体九五一円＋税）

伝習録 ―陽明学の真髄―　吉田公平

中国近世思想の筆頭格、王陽明の語録。体験から生まれた「知行合一」「心即理」が生き生きと語られ、己の器を大きくするための必読の書。

定価（本体九五一円＋税）

禅入門　芳賀幸四郎

禅はあらゆる宗教の中でも、もっとも徹底した自力の教えである。本当の禅を正しく解説し、禅の魅力を語る名著、待望の復刊。

定価（本体九五一円＋税）

六祖壇経　中川孝

禅の六祖恵能が、みずから自己の伝記と思想を語った公開説法。禅の根本的な教えをわかりやすく明解に説く。現代語訳、語釈、解説付。

定価（本体一一六五円＋税）

タチバナ教養文庫

東西相触れて　新渡戸稲造

世界的名著「武士道」の著者の西洋見聞録。世界平和に貢献した国際連盟事務次長時代の書。表記がえを行い読みやすく復刊！

定価（本体一〇〇〇円＋税）

修養　新渡戸稲造

百年前、「武士道」で日本人の精神文化を世界に伝えた国際人・新渡戸稲造の実践的人生論。百年後、世紀を越えていまだに日本人に勇気を与えてくれる。現代表記に改めて復刊。

定価（本体一三〇〇円＋税）

随想録　新渡戸稲造

若き日の立志、「太平洋の橋とならん」を生涯貫いた新渡戸稲造は、偉大な教育者でもあった。体験からにじみ出た「知行一致」のアドバイスは、現代にも豊かな道標を指し示す。

定価（本体一〇〇〇円＋税）

山岡鉄舟　剣禅話　高野澄編訳

武芸を学ぶ心をいつも禅の考えの中に置いて、剣禅一致を求めた山岡鉄舟の文言を収録。幕末の偉傑・鉄舟の思想と行動を解明する。

定価（本体一〇〇〇円＋税）

開祖物語　百瀬明治

仏教の道を開いた超人、最澄・空海・親鸞・道元・日蓮。日本仏教史に輝く五つの巨星の人間像と苦汁に満ちた求道の生涯を力強く描く。

定価（本体一三〇〇円＋税）